멘탈링

스트레스에 무너지지 않는 평정심의 기술

멘탈링

지은이 | 안동원
펴낸곳 | 북포스
펴낸이 | 방현철

편집자 | 공순례
디자인 | 엔드디자인

1판 1쇄 찍은날 | 2014년 12월 23일
1판 1쇄 펴낸날 | 2014년 12월 30일

출판등록 | 2004년 02월 03일 제313-00026호
주소 | 서울시 영등포구 양평동5가 18 우림라이온스밸리 B동 512호
전화 | (02)337-9888
팩스 | (02)337-6665
전자우편 | bhcbang@hanmail.net

이 도서의 국립중앙도서관 출판시도서목록(CIP)은 e-CIP 홈페이지(http://www.nl.go.kr/ecip)와 국가자료공동목록시스템(http://www.nl.go.kr/kolisnet)에서 이용하실 수 있습니다.
(CIP제어번호: 2014036432)

ISBN 978-89-91120-83-9 03190
값 13,000원

멘탈링
Mentaling

| 스트레스에 무너지지 않는 평정심의 기술 |

안동원 지음

북포스

프롤로그

미로의 입구로 들어서면서

그때는 몰랐다. 나에게서 열정이 사라졌다는 걸….

버스를 타고 지하철 둔촌역으로 향했다. 헤드헌터로 일하는 박 대표를 만나러 가는 길이었다. 그는 인재를 회사에 추천해주고 그에 따라 보수를 받는 일을 한다. 집도 가깝고 양쪽 집의 큰애가 같은 학교, 같은 태권도 도장을 다닌 게 인연이 되어 가끔 술 한잔씩 하는 사이다. 바빴는지 한동안 소식이 뜸했는데 생맥주 한잔하자며 연락이 왔다.

세상 사는 이야기를 나누다가 어느덧 회사 이야기로 화제가 바뀌었다. 500cc 몇 잔을 비웠을 때쯤 그가 갑자기 이런 말을 했다.

"이준 아빠, 저와 처음 만나 술 먹은 날 기억나시죠?"

"그럼요, 기억나죠."

"취업컨설턴트 일을 오랫동안 하면서 참 많은 사람을 만났어요. 인재를 찾으려는 인사 담당자, 좋은 회사로 이직하고 싶어 하는 인재들이 대부분이죠. 사람을 많이 만나다 보니 20~30분만 이야기해봐도 상대가 어떤 사람인지 대충 감이 잡혀요. 그것도 일종의 직업병인지, 이렇게 가볍게 한잔하는 자리에서도 이준 아빠가 어떤 사람인지 평가를 하게 되네요."

"아, 그러세요. 저는 어떤 거 같아요?"

"우리가 처음 만난 게 아마 4년 전이죠? 그때 이준 아빠는 어땠는지 아세요?"

"…."

"그때 이준 아빠는 세상을 씹어 먹을 듯한 기세였어요. 그러니까 열정이 보였어요. 분명히 한 가닥 하겠구나 싶을 정도로. 그런데 지금 이준 아빠한테는 그런 게 안 보여요. …. 그 많던 열정은 다 어디로 간 거예요?"

삶은 나에게 녹록지 않았다. 열심히 일하고 성과를 낸 사람이 누릴 수 있는 탄탄대로를 쉬이 내어주지 않았다. 당시 나는 경영자의, 상사의 거짓말에 마음이 무너져 있었다. 성과를 내면 충분히 보상하겠다는 그들의 약속을 너무 순진하게 믿고 있었다는 걸 알게 된 후였다. 경영진이 책임을 서로 미루며 핑퐁 게임을 하는 와중에 탁구공이 되어버린 나는 좌절감에 몸부림쳐야 했다. 그것은 겨우 아물어가는 상처의 딱지를 떼고 다시 상처를 내는 것과도 같았다.

어떤 회사에 다니고 어떤 업계에 몸담아도 늘 능력 있다는 평가를 받았다. 하지만 사람들로부터 받는 상처는 가끔 가슴을 통째로 도려내는 것처럼 너무나 큰 고통을 주었다. 그때마다 깊이를 알 수 없는 바닥까지 마음이 무너지곤 했는데, 내가 어떤 능력을 가졌는지는 아무 의미가 없었다. 능력을 다 보여주기도 전에 그걸로 끝나버렸기 때문이다.

시간이 가면서 나는 깨달음 하나를 얻었다. '아! 능력을 키우고 스펙을 쌓는 것보다 더 중요한 것이 있구나. 마음이 무너져버리면 아무 소용이 없다. 마음이 무너지지 않게 나를 지탱해야 해. 그렇게 해주는 게 뭘까? 그걸 찾아야 한다.'

마음이 무너지지 않는 방법을 연구했다. 다양한 방법을 시도해보았다. 많은 사람을 만나 그들의 이야기를 들었고, 분석하고 고민했다. 마침내 방법을 찾았다. 그런데 찾고 보니 그게 참 쉬우며 가까운 데 있었다는 걸 알게 되었다.

마음이 무너지지 않는 방법, 이를 나는 '멘탈링'이라고 이름 붙였다. 멘탈링은 삶이 잘못된 방향으로 가는 걸 최소화하기 위해 누구라도 반드시 알아야 할 마음 수양 및 수련 방법이다. 마음이 무너지지 않게 당신을 지탱해주는 것, 그것이 바로 멘탈링이다.

직장인으로서, 자식으로서, 가장으로서 살아가기 참 힘든 세상이다. 그러므로 언제나 평정심을 유지하여 예기치 않은 감정 폭발로 일을 그르치지 않도록 노력해야 한다. 능력을 쌓는 것도 중요하지만 제대로 보여주는 게 더 중요하다. 스스로가 상황을 최대한 통제할 수 있어야 한다. 미로를 헤매며 답답함을 느끼는 이 시대 모든 이들에게 이 책을 통해 근본적인 처방을 드리고자 한다.

이런 말을 들어보았을 것이다. '강한 자가 살아남는 것이 아니라 살아남은 자가 강한 것이다.' 최강 육식동물인 공룡은 멸종했지만 작고 힘없는 바퀴벌레와 파리, 개미는 수천만 년 동안 살아남았다. '벌레만도 못한 놈'이라는 표현이 있듯이 우리가 정말 하찮다고 여기는 그 벌레들은 꿋꿋이 살아남아 강자임을 증명한 것이다. 미래에도, 인간은 언젠가 멸종하겠지만 그 벌레들은 어쩌면 여전히 살아남을 것이다.

사회생활을 하다 보면 욱하는 마음에, 자존심이 상해서, 욕심을 부려서, 포기할 줄 몰라서 등 다양한 이유로 평정심을 잃는 이들을 자주 본다. 분명히 강한 사람임에도 한순간의 잘못된 처사로 고통을 불러오고 만다. 반면 어떤 경우에도 평정심을 잃지 않고 자기만의 멘탈링 방법을 개발해 마침내 성공의 반열에 오른 사람도 많다.

세계적으로 이름을 날린 사람들의 공통점을 보면 항상 정신적인 수양을 강조했다는 걸 알 수 있다. 그들이 가진 능력이 세계 최고였기 때문에 세계 최고가 된 것은 아니었다. 능력보다 더 중요한 것은 마음이었다. 포기하고 싶을 정도의 고난이 와도 참아내고, 섣부른 행동을 하지 않고 때를 기다렸으며, 무한한 생각여행을 통해 창조적인 인재로 다시 태어났다. 그것이 오늘날 그들이 사람들의 사상에 영향을 미치고 죽어서도 여전히 살아 있는 사람들에게 감동을 주는 이유다.

능력만 갖추면 성공할 것이라 착각하는 사람들에게 능력보다 더 중요한 것이 무엇인지 알려주고자 한다. 여기 등장하는 수많은 사례에서 자신의 모습을 발견하고 절망에 빠지는 순간도 만날 것이다. 하지만 이 책을 다 읽을 때쯤이면 미로를 빠져나갈 수 있다는 희망을 갖게 될 것이다. 자, 함께 미로를 걸어가 보자.

/ 차 례 /

4장 성공한 사람들의 멘탈링 비법

Reading 멘탈링

Writing 멘탈링

Deep Thinking 멘탈링

암묵지 멘탈링

진정한 변화를 위한 멘탈링 일곱 단계

1장

살아가며 마주치는 수많은 복병들

인생이 꼬이기 시작한 날

5월의 화창했던 그날

"하지 마."

"아닙니다. 한번 해보겠습니다."

"무리할 필요 없대도."

햇볕이 따가운 5월이었다. 나는 당시 고1이었고 체력장을 위해 1,000미터 달리기를 준비하고 있었다. 선생님조차 체력이 약한 나를 말렸지만 오기로 한번 해보자는 결심을 했다. 내가 총 다섯 바퀴 중 네 바퀴를 돌고 있을 때 다른 친구들은 이미 다 돌고 쉬고 있었다. 마지막 한 바퀴를 있는 힘을 다해 뛰었다. 꼴찌였지만, 완주했다는 기쁨이 컸다.

그런데 문제가 생겼다. 저녁 먹을 때쯤이 되자 허리 양쪽이 끊어질 듯 아팠다. 초점도 흐려져 눈앞이 가물거렸다.

다음 날 등교를 했지만, 도저히 수업을 받을 상황이 아니었다. 조퇴를 하고 어머니와 함께 근처 내과의원으로 갔다. 의사는 간단한 소변 검사를 하더니 "어머니, 아무래도 빨리 큰 병원으로 데려가셔야 할 것 같습니다"라고 말했다. 어머니는 깜짝 놀라며 "뭐가 문제가 있는 건가요?"라고 물으셨다. 의사가 천천히 말했다. "그게…, 급성신부전증 같습니다."

그 답변을 듣고 어머니는 눈만 크게 뜬 채 잠시 미동도 하지 않으셨다. 막내 이모가 만성신부전증 때문에 평생 혈액투석을 하며 힘들게 투병생활을 하다 돌아가셨기 때문이다.

대학병원으로 갔다. 그러는 동안 내 상태가 급속히 나빠졌다. 침상에 누웠다. 눈앞이 잘 보이지 않았다. 점점 의식이 없어지고 뿌연 불빛만이 눈에 아른거렸다. 의사가 급히 산소호흡기를 갖다 댔다. 응급조치를 끝낸 의사는 나에 대해 어머니께 조용히 말씀 드렸다.

"급성신부전증이 맞습니다. 상태가 매우 좋지 않습니다. 살릴 방법은 수술을 하거나 약물치료를 하는 방법이 있어요. 수술을 하게 되면 평생 혈액투석을 하며 살아야 합니다. 약물치료를 택하면 혈액투석은 하지 않아도 되지만 살 수 있는 확률은 많이 떨어집니다."

하나밖에 없는 아들을 두고 부모님은 선택을 해야 했다. 평생 혈액투석을 해야 한다면 사는 게 너무 힘들 거라 생각했다. 결국 약물치료를 하며 기적을 바랄 수밖에 없었다. 다행히 사흘 정도 지나자 의식을 차렸다.

한 달 동안 음식은커녕 물 한 모금조차 입에 댈 수 없었다. 오로지 약물에만 의존해야 했다. 당시에는 링거를 맞을 때마다 바늘을 새로 꽂았다. 하루에도 몇 병씩 맞아야 했기에 온몸이 바늘 자국이었다. 더는 바늘을 꽂을 곳이 없을 정도였다. 정말 비참했다. 음식을 먹지 않으니 혀부터 항문까지 모든 장기는 개점휴업 상태였다. 살아도 산 게 아니었다. 물 한 모금만 달라고 어머니께 사정을 했다. 하지만 지금 먹어서는 안 되었다. 그러다 정말 큰일이 날 수 있기 때문이다. 어머니는 그런 아들이 불쌍해서 보이지 않는 곳에서 눈물을 닦으셨다.

전도사님과 교회 친구들이 병문안을 왔는데, 하필 그때 주사 쇼크로 목이 저절로 돌아가는 상태였다. 내 모습을 본 사람들은 잠시 기도만 하고 급히 돌아갔다.

후회가 온몸을 휘감았다. 선생님조차 뛰지 말라고 했는데 왜 그때 오기를 부렸는지 모르겠다. 육체적 고통뿐 아니라 정신적 고통도 이루 말할 수 없었다. 차라리 죽는 게 나을 것 같았다. 육체적 고통은 약으로 버틴다지만 정신적 고통은 방법이 없었다. 하지만 이미 일은 벌어졌고, 나 스스로 견뎌내야 했다.

뜻밖의 배신

젊은 시절, 멋모르고 덤벼들었던 사업에서 실패를 한 적이 있다. 3년 가까이 잘 유지되던 사업이 한 직원의 배신으로 순식간에 무너져버렸다. 그 직원을 채용할 때 성급했던 부분도 있었지만 너무 믿은 잘못이 컸다.

그날 이후 3개월가량 혼자 사무실을 지키게 되었다. 배신한 직원에 대한 원망으로 하루하루가 힘들었다. 온통 다른 이에 대한 원망에 사로잡혀 있었기에 그것이 더욱 나를 괴롭혔다. 아무도 없는 사무실에 혼자 앉아 있으려니 미칠 것만 같았다. 그렇다고 집에 있기는 더 싫었다. 뭐라도 해서 바쁘면 괜찮을 텐데 할 게 없었다. 아니, 하고 싶지 않았다. 모든 걸 포기해버리니 정신이 피폐해지는 듯했다. 정신이 멍했고 몸에는 힘이 하나도 없었다. 찾아오는 사람도 거의 없었다. 어쩌다 오는 손님과 이야기라도 하면 기분이 나아졌다. 손님이 바빠서 이만 가야겠다고 하는데도 보내고 싶지 않았다. 또다시 혼자가 되면 공허감만 나의 몸을 스멀스멀 기어 다녔다. 가끔 구역질이 날 정도였다.

이래서는 안 되겠다 싶었다. 밖으로 나가 사무실 주변을 하릴없이 걸었다. 이유는 없었다. '건강해야 일을 더 열심히 하지'라는 교과서적인 생각을 한 것도 아니다. 그냥 걸었을 뿐이다. 매일 조금씩 다른 길로 돌아다녔다. 사무실 근처에 시장이 있었다. 새벽 시장이어서 그런지 오후에는 거의 파장 분위기였다. 어두운 시장을 맥없이 돌아다니니 거의 좀비 같았다. 그런 내 모습이 한심스러웠다.

종일 멍한 상태로 지냈다. 누구 하나 내 손을 잡아주지 않았다. 집에서는 아내가 걱정하는 눈빛으로 아무 말 없이 쳐다보곤 했다. 걱정하지 말라며 아무렇지도 않은 듯 행동했지만, 이미 마음은 무너질 대로 무너졌다.

남의 고통을 즐기는 사람들

직장 동료의 따돌림

5년 가까이 근무한 여직원인 K 과장이 회사를 그만두고 더 좋은 회사로 옮기게 되었다. 친하게 지내던 직원 몇 명과 조촐한 환송회 자리를 마련했다. 여느 환송회와 마찬가지로 직원들은 회사와 상사 험담에 시간 가는 줄 모르고 떠들어댔다. 술이 오를 때쯤 회사를 그만두게 된 K 과장이 울고 있는 것이었다. 정적이 흘렀고, 자리에 참석한 동료 직원들은 순간 싸한 분위기를 느꼈다. 그리고 우리는 K 과장으로부터 놀라운 이야기를 듣게 되었다.

그녀가 회사를 그만두는 이유가 회사의 불합리한 대우 때문인 줄 알았다. 하지만 그게 전부는 아니었다. 가장 큰 이유는 새로 들어온 여직원 L 사원 때문이었다. K 과장은 계속해서 상처를 주는 그 여직원의 말에 엄청난 충격과 스트레스를 받았다. 조용한 성격인 K 과장은 어디 하소연도 하지 못한 채 혼자 그 모든 걸 감내해야 했던 것이다. 심지어 K 과장은 정신과 치료까지 받아야 할 정도였다.

L 사원은 이상한 성격의 소유자였다. 마음에 들지 않는 동료 여직원 한 명을 정하면 동료 몇 명을 포섭해서 지능적으로 그 여직원을 괴롭혔다. 물리적인 괴롭힘이 아니라 은근히 상처 주는 말을 하는 것이다. 그것도 당사자가 있는 자리에서 했다.

L 사원이 처음에 입사했을 때만 해도 K 과장은 그녀와 친하게 지냈다. 아는 사람이 없으니 자기라도 친절하게 대해주어야겠다 생각한 것이다. 같이 저녁도 먹고 맥주도 한잔씩 했다. K 과장은 L 사원이 마음에 들었고 개인적인 이야기까지 나눌 만큼 믿었다. 몇 달이 지났다. L 사원이 몇 명의 직원들과 친하게 되면서 K 과장과는 서서히 멀어졌다.

어느 날 여직원들이 모여 점심을 먹는 자리에서 L 사원은 K 과장의 아픈 기억과 개인적인 내용을 간접적으로 까발렸다. K 과장은 그게 자기 이야기라는 것을 대번에 알아챘다. K 과장은 충격을 받았다. 나중에 L 사원과 따로 만나 도대체 자기에게 왜 그러느냐고 물었다. 그러자 L 사원이 "그거 언니 이야기 아닌데요. 다른 사람 이야긴데, 왜요? 뭐 찔리는 거 있어요?"라며 도리어 짜증을 부렸다. 화장실에서 마주치면 쌀쌀맞게 툭 치고 지나가고, 네이트온 대화명으로 이상한 말을 써놓기도 했다.

희한한 것은 윗사람들은 아무도 그 일을 몰랐다는 것이다. 왜냐면 그 신입 여직원은 자기에 대한 평가를 하는 상사나 다른 팀장들에게는 잘하기 때문이다.

K 과장이 들려준 이야기에 동석한 동료들은 충격에 빠졌다. 이미 알고 있는 사람도 있었지만 나처럼 전혀 모르는 사람도 많았다.

K 과장이 회사를 떠난 후 L 사원은 다른 여직원 한 명을 타겟으로 정했다. 그 신입 여직원은 직급은 사원이지만 직장 경력이 5년이 넘는다. 고등학교 졸업 후 바로 취업을 했기 때문이다. 모르긴 몰라도 다른 회사 다닐 때에도 그러지 않았을까 생각한다.

나는 그런 사람들의 정신 구조에는 전혀 관심이 없다. 다만 분명한 것은 그들이 어떤 이유에서 그러는지는 몰라도, 당하는 사람은 정신과 치료까지 받아야 할 정도로 심각한 마음의 병을 얻는다는 것이다.

우리 중 누구도 살면서 그런 교묘한 괴롭힘에 처하지 않으리라고 장담할 순 없다. 나이 어린 여직원이 나이 많은 여직원을 그렇게 할 수 있을 정도이니 나이 많은 사람이 나이 어린 사람을 괴롭히기는 더 쉬울지 모른다. 우리가 속한 조직에는 저런 부류의 사람이 반드시 있을 거라는 점을 인정하고, 어떻게 하면 상처를 덜 받을지를 생각해봐야 한다. 분명 물리적인 충돌은 합리적이지 못하다. 다른 직원의 도움을 받는 것도 여의치 않다. 그렇다면 오로지 혼자서 버틸 수밖에 없다.

친구가 군대에서 겪은 일

중학교에서 같은 반이었던 최 아무개란 친구가 있었다. 만남이 이어져 그가 군대 갈 때까지 친하게 지냈다. 공군으로 간 그 친구는 긴 복무기간에 비례해 휴가는 자주 나오는 편이었다. 휴가 나올 때마다 그는 나를 만나러 왔다. 주로 술을 마셨다.

그런데 언제부터인가 휴가를 나온 그의 표정이 밝지 않았다. 말없이 술만 목구멍에 붓듯이 들이켰다. 하루는 술을 마시던 그가 울기 시작하는 것이었다. 나는 깜짝 놀라 왜 그러느냐고 물었다. 말을 하지 않았다. 다음에 그가 다시 휴가를 나오자 이번에는 술을 마시지 않고 커피전문점에서 커피를 마셨다. 맨정신으로 그때 왜 울었는지 물어보았다. 그런데 그가 갑자기 소리 내어 우는 것이 아닌가. 사람들이 힐끔거려 당황스러웠다. 그는 울면서 윗옷 단추를 풀었다. 그의 몸을 보고 나는 말을 할 수 없었다. 가슴과 배 할 것 없이 심하게 멍이 들어 있었다.

그는 군대에서 고참의 극심한 구타에 시달리고 있었던 것이다. 고참 여러 명이 상습적으로 그 친구를 때렸다. 마치 샌드백 치듯이 때렸다. 고참들은 서로 낄낄거리며 잽과 펀치를 날렸다. 겉으로 보이는 곳을 교묘히 피해 배와 가슴만 때렸다. 그러니 친구는 휴가를 나와도 부모님이 보지 않는 곳에서 옷을 갈아입어야 했고 목욕탕도 가지 못했다. 하소연할 곳도 없고 도움을 청할 곳도 없었다. 매일 맞았다. 고참들은 자신들의 스트레스를 부하 중 만만한 내 친구를 구타하면서 풀었던 것이다. 다행히 버티고 버텨 제대를 했지만 그 친구는 당시 엄청난 자살 충동을 느꼈다고 한다.

내 친구를 구타하면서 스트레스를 풀었던 고참이란 작자들은 지금쯤 그때 일을 잊었을지 모른다. 하지만 맞았던 당사자, 그리고 그 시커먼 멍들을 본 나는 평생 잊을 수 없다.

스트레스가 처리되지 못하는 사회

최근에 사회적으로 크게 부각된 사건들이 군대 내 구타와 집단 따돌림이다. 그 일로 피해자가 자살하거나 동료를 살해하는 일이 벌어졌다. 아직 20대 초반에 불과한 자식을 군대에 보내놓은 부모들은 어떤 심정일까? 뉴스에서 이런 사건들을 접할 때마다 얼마나 가슴 졸일까?

사실 군대 내에서 벌어지는 구타나 집단 따돌림은 어제오늘의 문제가 아니다. 이미 오래전부터 있었던 일이지만 그때는 드러나지 않았을 뿐이다. 내 친구뿐 아니라 나 또한 군에서 비슷한 일을 당했다. 아마 대부분 남자가 군에서 겪은 일일 것이다.

사회적으로 풍요롭고 선진국 문턱에 와 있을 만큼 발전한 대한민국에서 이 같은 일이 왜 여전히 벌어지고 있을까? 아니, 혹시 더 심해지고 있는 건 아닐까? 우리 부모 세대와 다르게 지금 젊은 세대는 풍요로운 환경에서 자라서인지 스트레스를 이기는 힘은 많이 떨어진다. 작은 일에도 금방 힘들어하고 쉽게 포기하며, 때론 폭력적으로 변하기도 한다. 더 심각한 문제는 소수의 사람은 그 스트레스를 타인에게 전가한다는 것이다. 자기 뜻대로 되지 않으면 다른 사람을 괴롭히고 못살게 군다. 그 방법도 무척 교묘하다.

당신은 이런 류의 사람들을 겪어본 적이 있는가? 자세히 보면 주변에 의외로 많음에 깜짝 놀랄 것이다. 자칫하다간 당신이 그들의 희생양이 될지도 모른다.

무서운 건 어른들만 그런 게 아니라는 것이다. 어린아이들 중에도 그런 애들이 있다. 간이고 쓸개고 다 빼줄 것처럼 살갑게 굴다가도, 친구가 조금이라도 자기 맘에 안 드는 행동을 하면 바로 차갑게 대한다. 심지어는 그 친구를 유령 취급 한다. 영문을 잘 모르는 친구가 왜 그러는지 물어보면 "내가 뭘?" 하고 대꾸한다. 그러고는 다른 친구들을 충동질하여 은근히 따돌린다. 뭘 잘못했는지 잘 모르는데도 친구는 관계를 회복하려고 사과를 한다. 그러면 그 애는 다시 잘해준다. 즉, 자기 뜻대로 친구를 주무르는 것이다. 말 그대로 들었다 놨다 한다. 주변 아이들도 그 애가 그렇다는 걸 잘 알지만 어쩔 수 없다. 그게 그 아이만의 처세술이고 살아가는 방식이다. 아마 평생을 그렇게 살 것이다. 자기가 어떤 사람인지도 모른 채.

사람은 누구나 스트레스를 겪는다. 그걸 통제하고 조절하면서 살아간다. 그래서 멘탈링이 필요하다. 정신적 어려움을 타인을 괴롭히면서 해결하는 사람에게도, 거기에 당하는 사람에게도 모두 필요하다. 특히 타인에게 자신의 스트레스를 전가하는 사람은 현재의 행동이 미래에 어떤 영향을 미칠지 반드시 알아야 한다. 나중에는 주변에 아무도 남지 않을 것이며, 나이 들어 절실히 후회하게 될 것이다. 미래를 바꾸기 위해서라도 지금 어떻게 살아야 할지 미래의 자신에게 멘토링을 받아야 한다. 그래서 뭐가 잘못된 행동인지, 미래의 자신이 얼마나 후회하고 있는지를 들어야 한다. 지금이라도 그릇된 행동을 반성하고 고쳐야 한다.

K 과장처럼 능력 있는 사람이 5년 동안 열심히 쌓아온 경력까지 모두 포기하고 회사를 떠나는 모습을 보며 안타까웠다. 아직 그 능력을 다 보여주지도 못했는데, 이상한 사람 하나 때문에 그 모든 것을 버릴 수밖에 없었으니 말이다. 간절히 바라건대 그 신입 여직원 같은 사람이 이 책을 읽고 변해야 한다.

여기서 우리가 명심해야 할 것이 하나 있다. 그런 부류의 사람은 어느 조직에나 있으며 우리는 그런 사람들을 맞닥뜨렸을 때 상처를 입지 않도록 강한 마음을 가져야 한다는 사실이다. 그러려면 멘탈링을 통해 평정심을 유지하고 외부의 공격에 의연하게 대처할 수 있어야 한다.

동물 세계에 적용되는 힘의 원칙

수족관 열대어 이야기

몇 개월 전에 열대어를 키우다 포기한 일이 있다.

집에 있던 조그만 수족관을 씻어 모래를 깔고, 물갈이 약으로 수돗물을 정화하여 채워놓고 열대어 맞을 준비를 했다. 그런 다음 마트에서 제브라라는 종류의 물고기를 열 마리가량 사 와 수족관에 넣었다.

처음에는 잘 사는 것 같았다. 일주일쯤 지났을까, 한 마리가 죽어서 물 위에 떠 있는 것이다. 환경에 문제가 있나 걱정하며 물도 갈아주고 먹이도 바꾸어보았다. 그런데 며칠 후에 또 한 마리가 죽어 있는 게 아닌가. 이상하다 싶어 수족관을 유심히 관찰했다. 한 마리의 행동이 이상했다. 자꾸 다른 물고기의 뒤를 쫓아다니며 괴롭혔다. 자세히 보니 다른 물고기들은 모두 지느러미가 조금씩 뜯어 먹힌 듯 잘려 있었다.

나는 다른 물고기를 계속해서 힘으로 제압한 그놈의 물고기가 마음에 들지 않았다. 그냥 잡아다 버릴까도 생각했다. 하지만 살아 있는 생명을 버린다는 게 마음에 걸려 좀 더 지켜보기로 했다. 열 마리였던 물고기가 한 마리씩 죽어 나가더니 결국 제일 힘이 센 한 놈만 남게 되었다. 열흘가량 혼자 지내던 그 깡패 물고기도 결국 죽고 말았다.

가장 힘이 센 물고기는 대장 노릇을 하고 싶었을 것이다. 그래서 다른 물고기를 평정하고자 힘으로 다스렸다. 그런데 한 마리씩 죽어버렸다. 스스로 대장임을 자처하고 "내가 왕이다"라고 외쳤다. 그런데 이상했다. 다른 물고기가 모두 죽고 주위에 아무도 없는 것이다. 수족관은 너무나 쓸쓸했다. 괴롭힐 물고기도 자신이 가장 힘이 세다고 인정해줄 물고기도 없었다. 결국 "내가… 왕인데…" 하며 마지막 말을 남기고 죽음을 맞고 말았다.

그 일을 통해 나는 여러 가지 생각을 하게 되었다. 우리가 아등바등 사는 이 세상도 하나의 수족관에 불과하지 않을까? 높은 자리에 앉으려고, 돈을 많이 벌려고, 다른 사람보다 앞서나가려고 발악을 한다. 그러나 인간보다 훨씬 강한 존재가 인간을 내려다보고 있는 건 아닐까?

사실 열대어 열 마리의 운명은 나에게 달려 있었다. 밥을 주는 것,

깨끗한 물로 갈아주는 것, 다른 물고기를 괴롭히는 놈에게 벌을 줄지 말지까지 모두 내가 결정하기에 달렸다. 그중에서 가장 힘이 센 물고기의 운명조차 말이다.

나는 기회를 주었다. 하지만 가장 힘이 센 물고기는 기회를 잡지 못하고 마지막 남은 한 마리까지 죽게 했다. 다른 물고기를 사다가 수족관에 넣어줄 수도 있었지만 그렇게 하지 않았다. 가장 힘이 센 물고기에게 벌을 주기로 했다. "왜 너는 힘이 센 것만 믿고 다른 물고기를 괴롭히는 거야? 다 죽이고 혼자 남으면 행복해? 어디 한번 혼자 살아봐. 얼마나 괴로운지 느껴보란 말이다. 그래야 네가 죽인 물고기들이 얼마나 소중했는지 알게 될 테니까."

자신이 아무리 "내가 왕이야"라고 외쳐도 소용없었다. 힘이 가장 세다고 해봤자 수족관 안의 그 열 마리 중에서나 할 수 있는 얘기일 뿐이다. 수족관을 떠나 야생으로 가면 큰 물고기에 금방 잡아먹힐 것이다. 그리고 훨씬 더 큰 힘을 가진 존재에 의해 생명이 좌우될 것이다.

우리는 수족관 안의 물고기와 같은 존재가 되어서는 안 된다. 그 안에서 나 잘났다고 소리를 질러봐야 그뿐이다. 우리는 수족관을 내려다보는 더 큰 존재가 되어야 한다. 수족관 안에 갇힌 불쌍한 물고기처럼 아무것도 아닌 것에 목숨 걸고 사는 우를 범하지 말아야 한다.

주인을 무는 개의 종말

일요일 아침이면 느지막하게 일어난다. 아이들과 아침을 먹으며 〈동물농장〉을 시청한다, 동물이란 주제로 각본 없는 드라마가 연출된다. 어머니도 즐겨 시청하시는 프로그램이다. 한 번은 초등학교 화단에서 토끼 한 마리를 발견했다. 딸아이가 〈동물농장〉에 신고하자고 했다. 방송국에 전화해서 상황을 설명했더니 그런 일로는 출동이 힘들다고 했다. 아이는 실망하는 눈치였다. 그래서 학교 관리자에게 토끼가 있다는 걸 알렸고 학교에서 키우기로 했다.

'애완동물'에서 평생을 함께한다는 뜻의 '반려동물'로 명칭이 바뀌면서 반려동물 시장 규모가 급성장하고 있다. 농협경제연구소에 따르면 2013년 기준 1조 1,400억 원인 시장 규모가 2020년에는 6조 원에 육박할 것으로 예상된다고 한다. 〈동물농장〉 같은 프로그램이 귀엽고 사랑스러운 애완동물의 매력을 많이 알렸기 때문이 아닌가 생각해본다.

그런데 가끔 못된 동물도 등장한다. 한 번은 주인을 무는 개 이야기가 방송된 적이 있다. 주인아주머니의 지극한 사랑을 받는 개가 주인아저씨만 보면 쫓아가 무는 것이다. 피를 볼 정도의 상처도 여러 번 입었다. 이쯤 되면 주인아저씨는 화가 많이 날 수밖에 없고, 이런 개를 무엇하러 키우겠나 싶어질 것이다. 자기가 벌어온 돈으로 개가 먹고, 자고, 노는데 정작 자신한테는 해를 입히니 말이다. 반려견을 키우며 이런 고민을 하는 가정이 많을 것이다. 예전에 어머니가 키우던 강아지가 사람들을 자꾸 물어서 골치 아팠던 적이 있었다.

사람들은 말 잘 듣고 애교 많은 개를 좋아한다. 사람들에게 해를 가하는 개는 좋아하지 않는다. 특히 가족을 자꾸 무는 개를 계속 키우고자 하는 가정은 많지 않다. 그러다 보니 개를 버리게 된다. 〈동물농장〉에서도 유기견에 대한 방송을 여러 번 했었다. 개를 버릴 때에는 그만한 이유가 있다. 개가 나이가 들어서, 병에 걸려서, 자꾸 짖어서 등이 그 이유다. 한편으로는 더는 개를 키울 형편이 되지 않아서, 개가 가족을 물어대서 등의 이유도 있다.

주인아저씨를 무는 개, 결국 그 개는 버려진다. 집에서 쫓겨나는 신세가 되어 길을 떠돌다 유기견 센터에서 안락사를 당하게 된다. 주인아주머니의 사랑을 등에 업었다 해도 주인아저씨를 무는 행동을 해서는 안 된다. 그 개는 자기가 주인아저씨보다 서열이 더 높다고 착각했는지도 모른다. 그러나 자기 운명이 주인아저씨의 결정에 달려 있다는 걸 몰랐다. 사람들은 말한다. 개가 그런 걸 알면 개냐고. 맞는 말이다. 개는 모를 수 있다. 그러나 사람은 알아야 한다. 직장 상사가 예뻐하니까 상사를 등에 업고 동료들을 무시하거나 힘들게 하는 사람이 많은데, 그걸 모르는 이들이다. 그까짓 것도 권력이라고 막 휘두른다. 그러나 언젠가 상사의 총애도 사라지는 날이 오고, 온갖 악행은 부메랑이 되어 자신의 목을 치게 된다.

거대한 자연 앞에서, 우주 앞에서 인간은 정말 미약한 존재다. 훨씬 더 큰 힘을 가진 존재에 의해 운명이 갈릴 수밖에 없는 존재다. 그러므로 인간은 공생해야 한다. 그런데 우리는 조금 더 힘세다, 조금 더 돈이 많다, 조금 더 권력이 있다는 걸 가지고 대단한 줄 안다. 그리고 힘이 약한 사람을 못살게 굴고, 힘들고 아프게 한다. 한 줌의 재에 불과한 힘을 전부인 양 착각하지 말고 공생을 모색하는 지혜를 가져야 한다.

새끼를 구하지 못하는 누

〈동물의 왕국〉에서 본 장면을 소개하겠다.

사자 한 마리가 누(소와 비슷하게 생긴 큰 뿔을 가진 동물) 무리를 뒤흔들고 있다. 겁에 질린 누 떼는 이리저리 도망을 간다. 그러다 새끼 누 한 마리가 무리에서 떨어져 나온다. 그 틈을 놓치지 않고 사자가 달려든다. 공포를 느낀 새끼 누는 도망가려고 발버둥을 친다. 어미를 포함해 수십 마리의 누가 새끼를 구하려고 사자 쪽으로 다가간다. 놀란 사자는 움찔하며 새끼 누에게서 떨어진다. 그런데 누들은 무리 안에만 있을 뿐 어느 한 마리도 선뜻 나서지 못하고 머뭇거린다. 사자는 다시 공격 자세를 취한다. 새끼 누를 발로 제압하며 엄청난 이빨로 목을 문다. 결국 새끼 누는 어미가 보는 앞에서 사자의 먹이가 되고 만다. 채널을 돌리다 문득 보게 된 장면인데 짧은 시간 많은 걸 느꼈다.

누 한 마리의 힘으로는 사자에게 대적하지 못한다. 그렇지만 누는 덩치가 크며 큰 뿔을 갖고 있으므로 수십 마리가 한 번에 달려든다면 사자는 위협을 느끼고 도망갔을 것이다. 그럼에도 이들은 새끼를 구해야 한다는 건 알지만, 한 마리도 선뜻 나서지 못했다. 어미 누뿐 아니라 수놈들도 마찬가지였다. 혼자 나섰다가 자기마저 사자 밥이 되면 어쩌나 하는 생각, 다른 누들이 합세해주지 않으면 어쩌나 하는 생각 때문이다. 새끼를 포기하는 한이 있더라도 자신의 목숨을 보전하는 게 더 낫다는 판단을 한 것이다.

인간 세상도 마찬가지다. 다 같이 힘을 합치면 더 큰 일을 할 수 있는데도 그렇게 하지 못한다. 이 점을 인정해야 한다. 이 세상은 나 혼자다. 아무도 도와주지 못하는 게 현실이다. 그러니 스스로 강해져야 한다. 나를 도와줄 사람은 나뿐이며 나는 내가 지켜야 한다.

멘탈링의 순간을 보여준 인물들

적벽대전의 소교

〈적벽대전〉이란 영화를 재미있게 본 기억이 있다. 손꼽히는 고전인 《삼국지》 중에서 가장 치열했던 전투를 다룬 영화다. 여기서 유독 기억에 남는 장면이 있다.

적벽에서 큰 싸움을 앞둔 조조에게 주유의 아내 소교가 찾아온다. 아마 소교는 영화에서처럼 절세미녀였나 보다. 그녀의 미모에 평정심이 흔들린 조조는 그녀와 차를 나눠 마시며 시간을 보낸다. 제갈공명이 예상한 바람의 방향이 동남풍으로 바뀌는 시점까지 시간을 지체해버린 조조는 결국 부하 대부분을 잃고 전투에서 참패하고 만다.

소교는 혼자 몸으로 적진으로 들어가 조조를 만났다. 잘못하면 목숨을 잃을지도 모르는 위험한 일이었다. 하지만 소교는 마음의 흔들림이 없었다. 긴장하지도 불안해하지도 않았다. 천하의 조조를 앞에 두고도 할 말을 다 하며 적장의 마음을 흔들어놓았다. 결국 미모의 여인에 평정심을 잃은 조조는 큰일을 그르쳤고, 평정심을 잃지 않고 담담히 소임을 다한 소교는 남편의 승리를 도와 적벽대전의 히로인이 되었다.

역사적으로 어떤 경우에도 이성적이며 합리적으로 행동한 평정심의 대가들이 수두룩하다.《삼국지》의 영웅 중 한 명인 조조는 지금도 CEO와 리더들에게 많은 영향을 미치고 있다. 냉혹한 비즈니스의 세계에서 차가운 열정을 가진 조조의 결단력을 배우고 싶어 한다. 그런 조조도 정말 필요한 순간에 평정심을 잃어버렸고, 결국 역사를 유비의 관점으로 돌아가게 만들었다.

항우의 패착

훌륭한 능력을 갖췄음에도 평정심을 유지하지 못해 천하를 내준 이가 비단 조조뿐이랴.《초한지》에서도 이러한 사례를 엿볼 수 있다.

항우는 전투에서 이기는 법을 잘 아는 뛰어난 장수였다. 우희라는 여인을 끔찍이 사랑한 로맨티스트였고 싸우면 반드시 이기는, 힘이 장사인 항우. 능력만으로 보면 천하를 품을 수 있는 영웅은 유방이 아니라 항우였다. 하지만 항우는 싸움에서는 강자였지만 멘탈에서는 약자였다. 다 잡은 유방을 가소롭게 여겨 풀어주는 실수를 범했고, 신하들에게 공정한 대우를 해주지 못해 신뢰를 잃었으며, 적군이 항복했음에도 화를 참지 못해 무참히 살해하는 잔인함까지 보였다.

특히 범증이라는 뛰어난 책사를 제대로 다루지 못한 것은 실책 중의 실책이라 할 수 있다. 범증은 유방이 앞으로 항우에게 큰 위협이 될 인물이라는 걸 간파하고, 그를 죽여야 한다고 말했다. 하지만 항우는 범증의 말을 믿지 않고 오히려 유방과 내통한다며 마음의 상처를 주었다. 항우의 언행에 실망한 범증은 '결국 천하는 항우의 것이 아니구나'라는 생각을 하며 떠난다. 실제로 유방은 항우가 대업에 실패한 원인 중 하나가 범증을 놓쳤기 때문이라고 생각했다고 한다.

능력은 대단하나 정신적인 면에서 부족하여 큰일을 이루지 못하는 일이 수천 년간 반복되어왔다는 걸 역사를 통해 알 수 있다.

전설의 빌리 빈

야구를 좋아하지만 야구를 소재로 한 영화 〈머니볼〉은 알지 못했다. 오클랜드 애슬레틱스의 단장인 빌리 빈의 이야기다. 베트남에 이민 간 친구가 책을 하나 사서 보내달라고 했는데, 그게 《머니볼》이었다. 그때 영화로도 나와 있음을 우연히 알게 되어 DVD로 감상했다.

고교 시절 뛰어난 실력에 외모까지 출중했던 빌리 빈은 뉴욕 메츠에 입단하며 메이저리거로 화려하게 데뷔한다. 그런데 기대와 달리 성적을 내지 못하고, 네 개의 프로팀을 전전하다 6년 만에 돌연 은퇴를 한다. 영화로는 그가 왜 선수로서 빛을 발하지 못했는지 이해가 잘 안 되어서 책을 읽어보았다.

빌리 빈은 뛰어난 실력에 비해 한 가지가 많이 부족한 사람이었다. 바로 평정심을 유지하는 능력 말이다. 타자는 3할 이상이면 잘 치는 선수로 평가받는다. 즉, 타석에 열 번 들어서서 세 번 안타를 치면 된다. 그런데 안타를 치지 못한 일곱 번의 타석을 선수 자신이 어떻게 받아들이는지가 중요하다. 빌리 빈은 자신이 안타를 치지 못하는 상황을 견디지 못했다. 삼진을 당할 때마다 벽에다 방망이를 내리쳐 부러뜨리곤 했다. 빌리의 고교 시절 코치는 "그에게 긍정적인 사고만 있었다면 프로 무대에서 분명 성공했을 겁니다"라고 말했다.

은퇴한 빌리 빈은 스카우터로 제2의 인생을 시작했다. 그러면서 선수일 때는 보지 못했던 것을 보게 된다. 눈에 보이는 외모나 타율이 아니라 다른 기준으로 선수를 보게 된 것이다. 편견을 깨고 긍정적인 사고를 가지면서 성공의 길로 들어선다.

외모나 체격 조건은 떨어지지만 팀이 이기는 데 꼭 필요한 삼류 선수들을 끌어모아 오클랜드 애슬레틱스를 새롭게 정비한다. 이들은 뉴욕 양키스의 3분의 1밖에 되지 않는 연봉을 받으면서도, 2002년에는 아메리칸 리그에서 최다 연승인 20연승을 기록했다. 그는 다른 구단이 거액을 제시하며 스카우트하려고 했으나 "돈 때문에 뭔가를 결정하는 일은 없을 것이다"라며 여전히 팀에 남아 있다.

멘탈링이 필요한 이유 1: 청소년

기대가 무너진 고등학생

아내가 잘 아는 지인 중 한 분에게 공부 잘하는 딸이 있다. 중학교에서는 거의 전교 2~3등만 할 정도로 공부를 잘했다. 공부 재미를 알았기에 언제나 알아서 공부를 했다. 당연히 부모가 공부하라는 소리 한 번 한 적 없었다. 학교에서는 항상 모범적이었고, 그 아이는 부모의 자랑이자 희망이었다.

그 아이는 좋은 환경에서 공부를 하고 싶어 했다. 그래서 서울에 있는 유명 자율형 사립고등학교에 지원했다. 성적이 좋아 장학생으로 선정되었다는 연락을 받았다. 아이는 평소에 그렇게 가고 싶었던 학교에 진학할 수 있어 기분이 정말 좋았다. 학교 관련 자료를 찾아보며 꿈에 부풀었다.

입학을 하려면 한 가지 절차가 더 필요했다. 추첨이었다. 그런데 추첨에서 탈락되고 말았다. 장학생으로 선정되었다고 해서 합격이 되는 줄 알았던 아이는 느닷없는 추첨 결과에 어이가 없었다. 몇 날 며칠을 울며 지냈다. 꿈에 그리던 학교는 이미 물 건너가 버렸다. 괜찮은 일반고에 배정된 게 그나마 위안거리였다.

하지만 아이는 마음이 이미 무너져버렸다. 꿈과 기대가 컸던 만큼 실망 또한 컸던 것이다. 가고 싶었던 학교에 가지 못한 자신이 마음에 들지 않았고, 점차 공부에 흥미를 잃어버렸다. 자연스레 성적이 떨어졌다. 부모는 안타까운 마음에 위로하려고 했으나 소용없었다. 아이는 왜 공부를 해야 하는지 모르겠다는 말만 되풀이했다. 아무런 도움이 되지 못하는 부모는 답답한 심경을 감출 수 없었다.

부모에게 칼을 던진 의대생

우리 부모님이 사시는 아파트에 한 교사 부부가 살고 있다. 아들만 둘인 그 부부는 자식들에게 더 많은 사랑을 주지 못하는 미안한 마음을 항상 물질적인 걸로 해결했다. 아이들이 어릴 때에는 매일 간식거리를 한가득 사주고 언제나 오냐오냐 대했다. 특히 큰아들은 부모의 사랑을 독차지하면서 자기밖에 모르는 아이로 자랐다. 동네 아이들과 싸움박질을 하기가 일쑤였는데 그때마다 부모는 아들 편만 들었다.

사춘기가 된 큰아들은 부모를 무시하기 시작했다. 심지어는 부모에게 폭력을 행사하기도 했다. 학교에서는 호랑이 선생님이었지만 집에서는 고양이 부모였다. 빗나가는 아들을 따끔하게 훈육하는 것이 아니라 오로지 감싸주기만 바빴다. 잘못된 교육 방식은 큰아들을 심한 문제아로 만들었다. 고등학교에 다니던 큰아들이 오토바이가 갖고 싶다고 했다. 아들의 한마디에 주저 없이 오토바이와 장비, 의복을 풀세트로 사주었다. 그때부터 아들은 항상 오토바이를 타고 다니며 이상한 아이들과 어울렸다.

한 번은 여자 친구를 집에까지 데려왔다. 집에 부모가 있었지만 그 애와 잘 거니까 모두 나가라고 난리를 쳤다. 그러지 말라고 말리던 부모에게 폭력을 가하더니 급기야 부엌으로 가서 식칼을 집어 들었다. 도저히 아들의 비행을 견디다 못한 아버지는 아들에게 "찌르려면 찔러라. 너 같은 아들 더는 보기 싫다"며 강하게 나갔다. 그러자 아들이 식칼을 아버지에게 던져버렸다. 아버지 옆을 스쳐 지나간 식칼은 거실 창을 깨고 밖으로 날아가서 주차장에 떨어졌다. 다행히 지나가는 사람이 없어 끔찍한 일은 벌어지지 않았다.

나는 이 이야기를 듣고 소름이 끼쳤다. 내가 잘 아는 집 아이였기에 더욱 놀랐다. 그때 만약 행인이라도 있었으면 어쩔 뻔했나 싶었다. 우리 부모님이 마침 지나가는 길이었다면? 생각도 하기 싫은 일이다.

그 아이는 공부를 잘했다. 원래 머리가 좋았고 성적도 잘 나왔다. 그래서 의대에 진학했다. 그러나 아무도 그 집 부모에게 축하의 말을 건네지 않았다. 그런 망나니 같은 아이가 의대를 졸업하고 의사가 되면 뭘하겠냐고 생각했기 때문이다. 자신의 감정을 추스르지 못해 악행을 저지르기 일쑤인데, 누가 그런 의사에게 진료를 받겠는가? 머리가 좋아 의대는 졸업할지 모른다. 하지만 멘탈에서는 이미 패배자가 되었기 때문에 그는 존경받는 사회인이 되기는 힘들 것으로 보인다.

짝사랑 앞에 나서지 못한 아쉬움

고1 겨울쯤 한 여학생을 짝사랑하게 되었다. 독서실을 다닐 때였다. 나는 그녀에게 첫눈에 반해버렸다. 큰 키에 청바지가 무척 잘 어울렸다. 독서실 실장이 말해주길, 그녀는 나보다 두 살 어린 중2라고 했다. 나이에 비해 성숙한 모습에 마음을 뺏기고 말았다. 하지만 마음을 전할 용기는 없었다. 계속 지켜만 봤다. 어느 날 버스를 타고 학교에 가는 그녀를 보았다. 알고 보니 내가 다닌 학교 근처 중학교에 다니고 있었다. 나는 매일 아침 그녀를 볼 수 있게 해달라고 기도했다. 그리고 그 기도는 거의 통했다.

1년여 바라만 보던 어느 날, 친구로부터 이야기를 전해 들었다. 그녀는 피아노를 굉장히 잘 치며, 서울에 있는 예고로 진학한다는 것이다. 그녀가 시험 치러 서울로 가기 며칠 전에 고백하기로 마음을 먹었다. 초콜릿을 사서 예쁘게 포장했다. 독서실 실장이 가르쳐준 전화번호로 그녀에게 전화를 했다. 잠깐 집 앞으로 나올 수 있느냐고 물었다. 가로등 밑에서 그녀에게 초콜릿을 주며 시험 잘 치라고 했다. 좋아한다는 둥 다른 말은 하지 못했다.

그 후로 그녀를 볼 수 없었다. 나는 대학생이 되었고 군대 문제를 고민하고 있었다. 현역으로 복무할 것이라면 카투사가 되고 싶었다. 대학교 2학년 때 카투사 시험을 보기로 했다. 그때는 1년에 두 번 시험이 있었다. 열심히 공부했다. 거의 고시 공부 하듯 했다. 그런데 결과는 불합격이었다. 높은 점수를 받았기에 내심 기대했었는데, 불합격이라니 너무나 실망이 컸다. 며칠 동안 좌절감과 실망감에 몸부림쳤다. 다음 해 봄에는 군대에 가려고 계획하고 있었기에 이번이 마지막 기회였다.

영어학원에 갔지만 수업 내용이 귀에 들어오지 않았다. 강사가 질문을 해도 몸이 좋지 않다는 핑계를 대며 아무 말도 하지 않았다. 2년 가까이 다니던 어학원이어서 아는 사람도 많았다. 나의 그런 모습에 사람들이 무슨 일 있는 건 아닌지 걱정을 해주었다. 수업을 마치자마자 바로 학원을 나섰다. 그런데 이게 어찌 된 일인가? 내 눈을 의심했다. 학원 입구에 짝사랑했던 그 여학생이 서 있는 것이었다. 그 순간 많은 생각이 머릿속을 스쳐 지나갔다.

'아니, 이 아이가 왜 여기에 서 있는 걸까? 누굴 기다리는 걸까? 혹시 나를 기다렸나? 알은체를 해야 하나? 내 몰골이 말이 아닌데…, 어떡하지?'

짧은 시간에 그 많은 생각을 했지만 결국 알은체를 하지 못하고 지나쳐버렸다.

그녀가 다른 누군가를 기다리고 있었는지, 아니면 내가 그 어학원에 다니는 걸 알고 나를 찾아왔는지 지금도 알지 못한다. 다만, 나는 그때 그 여학생에게 말을 걸고 인사를 했어야 했다. 둘이 좋은 관계로 발전하든 아니든 상관없이. 오랫동안 짝사랑하던 여학생, 몇 년 동안 얼굴도 보지 못했던 여학생, 바로 그녀가 서 있는데 왜 그냥 지나쳤나 말이다. 카투사 시험에 불합격했지만 훌훌 털고 일어났더라면, 불합격에 무너진 마음을 좀 더 빨리 추슬렀더라면 상황이 달랐을 것이다. 그녀에게 말이라도 걸어볼 수 있었을 텐데, 누구 기다리느냐고 간단히 인사라도 할 수 있었을 텐데 너무나 후회스럽다. 안 좋은 결과에 좀 더 초연해지지 못했던 나의 어리석음이 20년이란 세월이 훌쩍 지난 지금까지도 후회스러움을 남기고 말았다. 아마 앞으로도 그 일을 잊지 못하고 안타까워할 것 같다.

멘탈링이 필요한 이유 2: 직장인

재능을 썩히는 조직 시스템

신입사원인 20대 후반의 S 양은 첫 출근에 매우 들떠 있었다. 외국 유학파인 그녀는 영어에 능통했지만 생각보다 취직이 쉽지 않았다. 고민하던 차에 혹시나 하는 마음으로 지원한 한 중소기업에서 합격 통보를 받았다.

한 달가량 지나 첫 월급을 받고 깜짝 놀라고 말았다. 면접 때 협의한 월급보다 훨씬 적은 액수였다. 부서장에게 확인하니 "3개월 동안은 인턴 기간이니까 그 후에 정상적으로 급여가 지급될 거야. 그때까지 열심히 해"라고 대답했다. 인턴 기간이 있다는 말은 들은 바 없었지만, 이왕 시작한 거 열심히 하기로 했다.

그런데 상황이 점차 수월치 않아졌다. 그다지 일이 많은 것도 아닌데 부서장이 자꾸 야근을 시켰다. 약속했지만 어쩔 수 없었다. 하루는 야근을 마치고 부서장이 집까지 태워준다는 것이었다. 그는 가는 도중에 술이나 한잔하자며 무작정 술집으로 차를 몰았다. 그녀는 집에서 쉬고 싶었지만 어쩔 수 없었다. 부서장은 술에 취해버렸고 자꾸 그녀에게 치근덕거렸다. 그러지 말라고 해도 "너 아직 인턴 기간이야. 내 말 잘 들어야 해"라며 반협박을 했다.

그 후로도 부서장은 늦은 밤, 주말 할 것 없이 S 양에게 전화를 해댔다. 업무에 관련된 말은 5분에 불과했고 나머지는 개인적인 얘기였다. 남자 친구랑 뭐 했냐고 묻거나 어제 입은 치마가 예뻤다는 둥 이상한 말만 늘어놓았다.

3개월이 지나도 월급은 여전히 오르지 않았다. 심지어 인턴 기간이란 말도 거짓말임을 알게 됐다. 적은 급여에 잦은 야근, 부서장의 치근덕거림을 매일 견뎌야 했던 그녀는 이직을 결심했다. 그러나 아무리 이력서를 보내도 면접 보러 오라는 곳은 거의 없었다. 어디 가서 하소연할 데도 없었다. 가정 형편 때문에 회사를 그만둘 수도 없는 상황이라 속만 상했다.

그녀는 될 대로 되라 하며 자포자기 상태가 돼버렸다. 사무실에서 사람들이 보거나 말거나 의자에 기대어 잠을 잤고, 외근을 핑계로 친구를 만나러 가기도 했다. 윗사람들을 봐도 인사도 하지 않았고 자꾸 툭툭 던지듯 하는 말투로 변해갔다. 사정을 잘 모르는 다른 부서 직원들은 그녀를 안 좋게 평가했다.

"신입사원이 왜 저 모양이야?"

"재는 윗사람을 봐도 인사도 안 해. 싸가지가 없어."

이런 말들이 심심찮게 들렸다.

그녀는 여직원들과 점심을 먹는 자리에서 이렇게 말하기도 했다. "나는 월급도 적고 하는 일도 별로 중요하지 않은 것 같아요. 그래서 일도 대충 하고 있어요. 나는 스스로를 아르바이트생이라고 생각해요."

때마침 다른 부서에서 영어 잘하는 인원을 필요로 했다. S 양이 가고 싶어 하던 부서였다. 처음에 그녀가 거론되기도 했지만, 주변의 반대가 너무 심했다. 결국 그녀는 원하던 부서에서 일할 기회마저 놓치고 말았다.

영어에 능통하고 다양한 봉사활동을 경험한 S 양은 충분히 능력을 키우고 발휘할 수 있는 인재였다. 그런데 나쁜 직장 환경에 그만 마음이 무너져버렸다. 평정심을 잃고서 막무가내식의 말과 행동을 일삼게 되었다. 그녀에게 치근덕거리고 거짓말을 일삼은 부서장이 나쁜 놈이다. 하지만 사람들은 부서장이 아닌 S 양을 비난한다. 잘못은 부서장이 했는데 왜 그녀가 욕을 먹을까?

S 양은 반드시 멘탈링이 필요한 경우다. 연봉이 마음에 들지 않고 상사의 거짓말에 속이 상한다고 해서 마음이 무너져 잘못된 선택을 해서는 안 된다. 그런 때일수록 평정심을 유지해야 한다. 이직이 목표라고 하자. 좋은 직장을 구하기 전에 지금 다니는 회사를 때려치운

다면 누가 더 손해가 큰가? 바로 S 양 자신이다. 더 좋은 직장을 구해 이직할 곳이 정해질 때까지 평정심을 유지하고 실력을 쌓아야 한다. 동료 직원들 앞에서도 "나는 아르바이트생이나 마찬가지예요"라는 표현은 하지 말아야 한다. 아무 일 없는 것처럼 행동하면서, 그나마 인간성이 괜찮은 상사들과 좋은 관계를 맺도록 노력해야 한다. 현재의 어려운 상황을 헤쳐나갈 방법은 여러 가지다. 스스로 좋은 직장을 찾아 이직하는 방법도 있지만 자신을 이해하고 배려하는 다른 상사의 도움을 받을 수도 있는 것이다.

마음 관리를 잘하지 못해서 나쁜 놈이 아니라 피해자인 자신이 욕을 먹게 되는 어처구니없는 상황은 자초하지 말아야 한다. 그건 자신이 해야 하는 일이다. 다른 누군가가 해줄 수 없다. S 양 같은 경우는 자신이 원하는 결과를 얻을 때까지 평정심을 유지하고 때를 기다리는 지혜가 필요하다.

노처녀 히스테리

마흔이 다 되도록 시집을 못 간 B 부장. 그녀는 회장의 총애를 받을 만큼 능력이 뛰어났다. 그러나 나이가 차도록 시집을 못 갔다는 데 심한 좌절감을 느꼈다. 한참 어린 여자 후배들이 결혼한다며 청첩장을 가져오면 "결혼 축하해. 잘 살면 좋겠어"라고 차가운 목소리로 말하곤 했다.

그녀에게는 연애보다 일이 더 중요했다. 연애를 하기 싫었던 건 아니지만 마땅한 남자도 없었다. 그래서 연애할 시간에 일을 하자 하는 생각에 일에 더욱 매달렸다. 하지만 부모나 주변 어른들이 수시로 해대는 시집 좀 가라는 말이 그녀 마음에 깊은 상처가 되었다.

그녀는 자신의 상처를 빌미로 엉뚱하게 동료들에게 분풀이를 했다. 부장이란 직책을 이용해 부하직원들을 철저히 괴롭혔다. 팀원들은 그녀에게서 따뜻한 말 한마디 기대하기 어려웠다. 그녀는 언제나 차갑고 냉정했다. 그러니 부하직원들은 회사를 오래 다니지 못하고 그만두기 일쑤였다. 그녀는 팀원들뿐 아니라 다른 부서와도 항상 갈등이 심했다. 사람들은 뒤에서 노처녀가 히스테리 부린다며 수군거렸다.

어느 날 B 부장은 얼굴에 미소를 가득 띠며 전 직원들에게 청첩장을 나눠주었다. 교회에서 만난 노총각과 결혼에 성공한 것이다. 그녀는 결혼 후에 심적인 안정을 찾아 일에 더 열심히 몰두했다. 하지만 동료 직원들은 그녀에 대해 여전히 앙금이 남아 있었다. 그녀의 태도는 많이 온순해졌으나 동료들은 여전히 감정이 좋지 못했다. 그녀의 편은 한 명도 없었고, 업무적으로도 여전히 갈등이 빚어졌다. 결국 회사에서도 인정을 받지 못해 10년 넘게 만년 부장으로 지내야 했다.

B 부장은 자신의 상처만 생각했지 자신이 다른 사람에게 준 상처는 생각하지 못했다. 자신의 상처는 결혼으로써 해결이 되었다. 하지만 그 상처를 해결하기까지가 중요했다. 마음을 강하게 단련하여 평

정심을 유지했어야 한다. 결국 자신이 동료에게 준 상처가 부메랑이 되어 자신에게 되돌아왔다.

명문대 졸업생의 자포자기

영어학원에 다닐 때 알게 된 명문대 졸업생이 있다. 그는 대학만 좋은 데 나오면 취업이 잘 될 줄 알았다. 그런데 그에게도 취업 전선은 넘기 힘든 거대한 벽이었다. 1년 넘게 취업이 안 되자 좌절감에 매일 술을 마셨다. 영어학원에서도 그는 늘 술에 찌든 듯한 모습이었고 학원을 마치면 같이 술 마시러 가자며 졸라대곤 했다.

한 번은 다음 날 면접이 있는데도 새벽까지 술을 마셨다. 이번에도 안 되겠지 싶은 마음이었던 모양이다. 면접 시간이 다가왔고, 그는 입던 옷에 수염도 깎지 않고 면접장에 갔다. 면접관들은 술냄새에 얼굴을 찡그렸다. 결과는 불합격이었다.

그런데 그의 학교 선배 중 한 사람이 전화를 해서는 다짜고짜 화를 냈다.

"너 뭐 하는 녀석이야? 면접 보러 가는 놈이 새벽까지 술 퍼먹고, 게다가 옷이나 수염은 도대체 왜 그따위야?"

알고 보니 그 선배가 괜찮은 회사에 몰래 부탁해 면접을 볼 수 있게 한 것이다. 명문대 졸업생인 데다가 선배란 사람이 간곡히 부탁을 했기 때문에 웬만하면 합격할 수 있는 자리였다. 그런데 그런 자세를 보고 매우 실망한 회사 관계자가 그 사람을 탈락시켜버렸다.

멘탈링이 필요한 이유 3: 일반인

70억을 주식으로 날린 아저씨

결혼정보회사 듀오와 서울대 최인철 교수가 발표한 '대한민국 2030 미혼남녀 행복 보고서'에 따르면 설문 대상자 중 가장 많은 응답자가 행복의 조건으로 경제력을 꼽았다.

사람들은 행복해지는 데 부를 가장 중요하게 생각한다. 물론 '돈이 없어도 행복한 사람이 있고, 돈이 많아도 불행한 사람이 있겠지'라고 생각하는 사람도 있지만, 극히 일부다. 대다수 사람이 아무래도 돈이 많으면 행복에 근접할 것이라고 기대한다. 하고 싶은 걸 못 하면 그 스트레스 때문에 자신을 불행하다고 생각하기 때문이다. 하지만 아무리 돈이 많아도 그걸 제대로 관리하지 못하면 오히려 돈이 없던 가난한 시절보다 더 비참해지기도 한다.

아버지가 아시는 어느 형제의 이야기다. 형은 성격이 차분했고 항상 검소한 생활습관을 가지고 있었다. 동생은 형과 다르게 다혈질이며 자주 시비를 일으켰다. 어느 날 형제는 부친으로부터 70억 원이라는 거액을 각각 상속받게 되었다.

책을 좋아했던 형은 재테크와 부동산 관련 책을 탐독했다. 거액이 생겼지만 섣불리 투자에 나서지 않았다. 그리고 검소한 생활도 크게 달라지지 않았다. 신중하게 고심한 끝에 부동산을 하나씩 구매했다. 형은 합리적인 판단으로 70억 원이라는 재산을 몇 배로 불려 큰 부자가 되었다.

동생은 형과 달랐다. 회사에서 능력은 인정받았지만 동료들과 다툼이 잦았다. 갑자기 거액이 생기자 보란 듯이 사직서를 던지고 회사를 나와버렸다. 돈 쓰는 재미에 시간 가는 줄 몰랐다. 형이 나무라자 투자를 해서 돈을 벌기로 마음먹었다. 형이 가르쳐준 부동산 투자에는 별로 흥미가 없었다. 돈을 묻어두고 10년 이상을 기다려야 한다는 게 성에 차지 않았다. 주변의 말을 듣고 하루에도 몇천만 원씩 벌 수 있다는 주식 투자에 매력을 느꼈다. 하지만 공부와 마음의 수양이 부족한 동생은 주식 투자에 번번이 실패했다.

결국 부친이 물려준 70억 원이라는 큰돈은 흔적도 없이 사라졌다. 아버지 말씀에 의하면 70억 날리는 데 딱 3년 걸렸다고 한다. 근근이 삶을 유지하다가 지금은 죽은 형의 아들이 운영하는 주차장에서 월급 받으며 겨우 먹고살고 있다.

한때 잘나갔던 대리운전 기사

에티오피아 바이어가 우리나라를 방문했기에 공항에 마중을 나갔다. 차를 타고 이동하면서 서울을 둘러보는 동안 바이어는 계속 감탄사를 쏟아냈다. 50년 전만 하더라도 한국은 에티오피아와 비슷한 경제 수준이었다. 하지만 지금의 한국은 믿기 어려울 정도로 발전한 나라가 되었다. 차가 막히는데도 바이어는 감탄사를 연발했다. 다른 나라에서 이 정도로 차가 밀렸다면 두세 시간 멈춰 서는 건 기본이라고 했다. 그런데 한국의 도로는 매우 논리적으로 구성되어 있어서 극심한 정체는 없는 것 같다며 엄지손가락을 들어 올렸다.

저녁을 함께 먹으면서 맥주를 몇 잔 마시는 바람에 운전을 할 수 없게 됐다. 대리운전을 불렀다. 바이어는 대리운전 시스템을 매우 흥미롭게 생각했다. 호텔로 가는 길에 나는 뽐내듯 설명을 덧붙였다.

"내가 술을 마셨기 때문에 운전을 하면 안 되잖아요? 우리는 그럴 때 대리운전 기사를 부르죠. 안전하게 내 집까지 차를 운전해줍니다. 단지 15달러에 음주 운전을 예방하니 정말 좋은 시스템 아닌가요?"

바이어는 동의하듯 미소를 머금은 채 고개를 끄덕거렸다.

호텔 입구에서 바이어를 내려주고 집으로 가는 길이었다. 대리운전 기사가 나에게 물었다.

"조금 전 외국인하고 이야기할 때 'Just 15dollars'란 말을 하셨죠?"

"아, 네. 그런데요?"

"왜 대리운전 기사를 무시하는 말을 하는 거예요? 그것도 외국인

앞에서."

나는 속으로 '이 사람이 무슨 뚱딴지같은 소리를 하나?'라는 생각이 들었다.

"무슨 말씀이시죠? 대리운전 기사를 무시하다니요? 저는 그런 적 없는데요."

별로 신경을 쓰지 않았는데 어떤 사람인지 다시 쳐다봤다. 50대 초반으로 보이고 머리가 희끗희끗했다.

기사는 목소리가 더 커지더니 "조금 전에 15달러만 주면 이런 사람들 얼마든지 부릴 수 있다고 말했잖아요. 내가 대리운전 기사나 하니 무슨 말인지 못 알아들을 줄 알았어요?"

대충 짐작이 갔다.

"아저씨, 죄송한데요, 저는 그런 식으로 말한 적 없습니다. 제가 술을 먹어서 대리운전 기사를 부르게 됐고 15달러면 음주 운전을 안 하게 되니 얼마나 좋은 시스템인지 설명을 해준 것뿐입니다."

내가 설명을 해도 그 대리운전 기사는 흥분한 말투로 계속 쏘아붙였다. 집에 도착할 때까지 흥분을 가라앉히지 않았다. 너무 어이가 없었다. 솔직히 '제대로 알아듣지 못했으면 가만히 좀 계세요'라는 말을 해주고 싶었다.

집 앞에 도착한 후 대리운전 기사는 "젊은 사람이 그러는 거 아니야" 하면서 사라졌다. 그 뒷모습을 보니 '별 희한한 사람도 다 있구나'라는 생각이 드는 한편, '참 불쌍한 사람이구나' 싶기도 했다. 직장을 다니면서 투잡을 뛰는 건지 아니면 대리운전으로 생계를 이어가는지는 모르겠다. 하지만 그 사람은 아직 자존심을 내던지지 못했다. 내가 한때 잘나가던 사람인데 대리운전 기사나 한다고 무시하지 말라는 말을 하고 싶었던 것 같다. 그것도 자기보다 젊은 사람이 외국인과 함께 차에 타서 영어로 대화를 나누며 '폼나게' 있는 모습에 배알이 꼬였는지도 모르겠다.

많은 대리운전 기사를 겪어본 건 아니지만 그런 사람은 처음 봤다. 대부분 대리운전 기사는 자기 할 일만 한다. 차를 운전해 손님이 원하는 목적지에 데려다 주면 끝이다. 손님이 무슨 말을 하든 마음에 담거나 간섭하지 않는다. 그렇지 않으면 자신이 힘들어지기 때문이다.

그 대리운전 기사가 나에게 했던 말이 기억에 오래 남았다. 기분이 나쁘기도 했지만 씁쓸한 느낌도 지울 수 없었다. 자기를 무시하지 말라던 그 대리운전 기사가 지금도 대리운전 일을 하는지는 모르겠다. 하지만 손님들끼리 하는 말에 너무 개의치 말기를 바란다. 자칫하면 오해를 할 수도 있고, 그 일로 서로의 마음에 상처를 남길 수도 있기 때문이다.

나를 내려주고 가면서 그 사람은 어떤 마음이 들었을까? 혹시 지금도 어딘가에서 나를 욕하고 있지는 않을까?

"내가 대리운전 기사할 때 말이야. 어떤 젊은 놈과 외국인을 태웠는데, 15달러만 주면 나 같은 놈 운전시킬 수 있다며 놀리더라고. 내가 영어를 못 알아듣는 줄 알았던 모양이야. 젊은 놈이 어디서 사람을 우습게 보고 까불어?"

잘나가던 사람이 나이가 들거나 사업에 실패하는 바람에 어쩔 수 없이 다른 직업을 택하는 경우가 있다. 젊은 사람들도 취직이 어려운 마당에 연세 드신 분들은 오죽할까? 아파트 경비 자리라도 구하면 다행이라는 생각을 하는 분들도 있지만 '그래도 한때 잘나갔던 내가 경비라니'라고 생각하는 분들도 있다.

지인 중에 지금은 아파트 경비를 하시는 분이 있다. 4년 넘게 경비 일을 하신다. 그분 말씀이 "내가 누군지 알어!"라며 큰소리치는 경비들은 오래 못 하고 다 그만두었다고 한다. 그분이야말로 한때 정말 잘나갔던 분이다. 큰 공장을 여러 개 경영하다가 안타깝게 부도가 났다. 하지만 그분은 글을 쓰면서 멘탈링을 하신 분이다. 그래서 쉽게 마음이 흔들리지 않는다. 현실을 받아들이고 한때의 영광을 잊었다. 그리고 현재의 직업에 최선을 다하고 있다.

근본적 처방이 절실하다

마음의 상처를 안고 사는 사람들

잡코리아 좋은일연구소가 직장인 556명을 대상으로 '일에 대한 만족도'를 조사한 결과 '매우 만족한다'라고 응답한 사람은 전체의 6.1퍼센트에 불과했다. 특히 중소기업의 경우에는 이보다 훨씬 적은 3.4퍼센트밖에 되지 않았다. '약간 만족한다'까지 합치더라도 37.4퍼센트에 그쳤다. 대부분의 직장인이 만족하지 못한다는 얘기다. 이 조사에는 연봉 수준뿐 아니라 복리후생, 주변 환경, 일에 대한 성취도, 팀 분위기 등 다양한 항목이 포함되어 있었다.

나는 십수 년간 직장생활을 했다. 일에 대한 재미와 보람은 컸지만 그 외적인 요소에서는 만족스럽지 않았다. 일이 힘든 게 아니라 사람이 힘들었다. 뒷말, 중상모략, 견제, 뒤통수 치기, 유언비어 등 갖가지

시달림에 마음의 고통을 느꼈다. 그들의 이중성과 거짓말에 실망했으며 때론 생명에 위협을 느낄 만한 위험에 처하기도 했다. 여러 직장을 다녔지만 마음의 고통을 주는 사람들은 어디에나 있었다.

도대체 무엇이 문제일까? 그들에게 문제가 있는 걸까, 아니면 나에게 문제가 있는 걸까? 무수한 질문 속에 하루하루 좌절을 겪었다.

나뿐만 아니라 직장인들 중에 마음의 상처로 힘들어하는 사람들을 많이 보았다. 상처를 주는 대상도, 그 상황도 천차만별이었다. 그만큼 다양한 이유로 우리 직장인들은 마음에 상처를 입고 아파하고 있다. 몸이 아프면 병원에 가지만 마음이 아프다고 병원에 가는 직장인들은 별로 없다. 지금 이 순간도 이루 말할 수 없이 많은 직장인이 일보다는 사람과의 관계 탓에 마음이 무너지고 아파하고 눈물 흘린다. 어떻게 하면 사람과의 관계가 아니라 일로써 성취감과 보람을 느끼며 직장에 다닐 수 있을까? 그리고 앞서 얘기한 여러 사례에서처럼 정말 견디기 힘든 정신적 시련을 이겨낼 방법은 없을까?

스트레스, 잊는 것이 해법일까?

마음의 상처는 주로 스트레스로 시작한다. 스트레스란 뭘까? 엄밀히 따지면 스트레스란 스트레스 요인에 대항하려는 신체의 보호 반응을 말한다. 우리는 주로 '스트레스를 받는다'라고 표현하는데, 나는 이것을 '내가 원하지 않는 방향으로 상황이 전개되는 것'이라 생각한다.

사람 몸에는 하루에도 수백 개에서 수천 개의 암세포가 생긴다고 한다. 면역기능과 긍정적인 생각, 행복한 마음이 암세포와 맞서 싸우는 것이다. 암 선고를 받은 환자가 자연으로 돌아가 생식과 맑은 공기, 긍정적인 생각을 통해 암을 이겼다는 이야기와 같은 맥락이다. 하지만 극심한 스트레스를 받으면 암세포가 왕성해져 이겨낼 수 없게 된다. SBS 〈자기야〉란 프로그램에서 여에스더라는 의사는 "극심한 스트레스를 받았다면 6개월 내에 암 검진을 받아보라"고 권했다.

그만큼 스트레스가 우리 몸에 치명적이라는 얘기다. 조그마한 종양을 암으로 바꾸고 결국 목숨까지 앗아간다. 우리가 죽는 것은 우리 몸 전체를 잃어서가 아니다. 어느 한 부분의 부상이나 질병으로 목숨을 잃는다. 그래서 스트레스로 인한 마음의 병을 그냥 지나칠 수 없는 것이다.

직장에서 받은 스트레스를 어떻게 해소하는지 사람들에게 물어보았다. 대부분 술을 마신다고 한다. 우리나라 술 소비량이 세계 최고로 꼽힐 만큼 술을 많이 마신다. 즐거움도 괴로움도 술을 빌려 표현하는 민족인 셈이다. 술만큼 스트레스 해소에 사용되는 것이 담배다. 나는 담배를 피워본 적이 없어서 담배가 스트레스 해소에 도움이 되는지는 잘 모르겠다. 하지만 흡연자들은 담배 연기를 내뿜으면 한숨과 함께 스트레스가 약간 풀리는 것 같다고 한다.

어떤 이들은 스트레스를 해소하는 데 등산보다 좋은 게 없다고 한다. 평소에 필요하지 않았던 강한 다리 근육의 힘에 의지해 산을 오른다. 좋은 공기를 마시며 한 발 한 발 산과 대화를 하면 땀과 함께 스트레스가 빠져나간다고 말한다. 어떤 이들은 조기 축구를 하며 힘든 걸 잊는다고 한다. 휴일 아침이면 학교 운동장마다 조기 축구인들로 가득하다. 젊은 사람뿐 아니라 머리가 희끗희끗한 50대도 많이 보인다. 서로 몸을 부대끼며 숨을 헐떡이며 달리고 또 달린다.

스트레스가 쌓이는 이유만큼 해소하는 방법도 여러 가지다. 맛있는 음식을 먹으면 즐거워지는 사람, 쇼핑을 하면 눈이 반짝이는 사람, 여행을 가면 골치 아픈 일을 잊는 사람 등 다양하다. 산에 올라 정상에서 아래를 내려다보면 기분이 상쾌하다. 스트레스가 확 풀린다. 사우나에서 냉탕, 온탕을 왔다 갔다 해도 피로가 풀리는 것 같다. 산이든 사우나든 운동이든 스트레스 해소를 위해 저마다 방법을 가지고 있을 것이다.

물론 이런 방법들도 스트레스 해소에 도움이 된다. 그런데 근본적인 문제까지 해결되었다고 볼 수 있을까?

회사에서 정말 골치 아픈 일이 있다고 치자. 주말에 등산을 갔다 오니 기분이 좋아졌다. 월요일이 되어 다시 회사에 출근했다. 회사의 골치 아픈 일은 어떤가? 그대로다. 업무와 관련된 것이든 동료 때문이든 변한 건 없다.

업무 능력에 한계가 와서 골치 아프다면 업무 능력을 키우기 위해 공부를 하면 된다. 그런데 당신에게 마음의 상처를 주어 모든 열정을 앗아간 게 동료라면 어떻게 해결해야 할까? 열심히 운동하고 등산을 다닌다고 해결될까? 그런다고 무너진 마음이 다시 일어설까? 주말에 열심히 운동하고 등산해서 출근해보았자 다시 지난주와 같은 상황이다. 마음에 상처를 준 상사나 동료는 여전히 월요일에 변함없이 출근해서 나를 기다리고 있다. 그리고 또다시 상처를 준다.

그렇다면 그들을 바꾸면 될까? 나에게 더는 상처를 주지 않도록 말이다. 그게 가능할까? 아니다. 가능하지 않다. 그들은 쉽게 바뀌지 않으며 설령 바뀐다 치더라도 그때까지 내가 버틸 자신이 없다.

그들이 바뀌지 않는다면 다른 방법을 찾아야 한다. 그 상황에서 빠져나오거나, 아니면 내가 바뀌어야 한다. 스트레스 때문에 마음이 무너지지 않을 근본적인 처방을 찾아 습관으로 만들어야 한다. 그렇지 않으면 스트레스를 잠시 잊을 수는 있을지 몰라도 직장이나 가정으로 돌아가면 마찬가지일 것이다.

이 시대의 화두, 위로와 치유

현대를 살아가는 사람들에게 던져진 가장 큰 화두 두 가지는 바로 '위로'와 '치유'다. 누군가의 따뜻한 말 한마디와 진심 어린 토닥거림을 그리워한다. 한 마리에 몇십만 원 하는 애완견을 키우는 것도 위로받기 위해서다. 외출했다 돌아오면 가장 먼저 반기는 게 바로 애완견이다. 꼬리가 빠질 듯이 흔들며 반겨준다. 그러니 예뻐하지 않을 수 없다.

블로그가 뭔지 잘 모르던 내가 블로그의 재미에 빠지게 되었다. 블로그 이웃뿐 아니라 모르는 사람이 방문하여 내가 쓴 글을 읽고 댓글을 달아준다. 그 재미에 나는 또 더 많은 사람이 블로그를 방문하도록 매력적인 콘텐츠를 담아 올린다. 처음에는 하루 두세 명에 불과하던 방문자가 몇백 명을 넘어가면서 묘한 쾌감을 느끼게 되었다. 누군가가 내 생각과 행동에 관심을 가져주는구나 하는 생각에 더 열심히 글을 쓰고 사진을 찍는다.

블로그 이웃들은 댓글을 달 때 안 좋은 말은 거의 쓰지 않는다. 서로 칭찬하고 격려하며 응원하는 메시지가 대부분이다. 때로 안 좋은 일이 생기더라도 이웃들이 다독여준다. 그래서 기분이 좋아진다. 바로 위로를 받는 것이다. 블로그를 비즈니스에 활용하는 사람도 많지만 누군가의 위로를 받기 위해서 블로그를 하는 사람도 많다.

왜 이렇게 사람들은 위로받고 싶어 할까? 그만큼 사는 게 힘들기 때문이다. 그리고 의지할 데가 많지 않기 때문이다.

2,400년 전 플라톤은 "죽음은 영혼이 육체로부터 해방되는 것"이라고 표현했다. 얼마나 육체를 이끌고 살아가는 것이 고달팠으면 그런 말을 했을까? 또 부처는 "어차피 인생이란 힘든 것이니 그대로 받아들여라. 그러니 고통에서 벗어나려면 모든 집착에서 벗어나라"고 설파했다.

1,000억 원대 자산을 가진 70대 노인에게 여쭤보았다, 인생이 어떠시냐고. 그는 이렇게 답했다.

"정말 골치 아픈 일이 한두 가지가 아니야. 몸은 고장 난 데가 많아.

병원에 가도 소용없어. 자식들은 조용히 잘 살면 되는데 뭐 그리 문제가 많은지. 유산을 물려주자니 마음이 놓이질 않고. 사업도 직원들이 알아서 잘 하면 좋으련만 내가 간섭하지 않으면 엉망이 돼. 이러니 죽어도 마음을 놓을 수가 없다네. 인생이 왜 이리도 힘든지…."

인생은 녹록지 않고 고달픈 것이다. 살수록 더 힘든 게 인생이다.

학생 때에야 공부만 하면 됐다. 대학만 들어가면 모든 게 해결될 줄 알았다. 그런데 캠퍼스의 낭만은 뒷전이고 소위 스펙을 쌓으려고 눈이 벌겋다. 졸업이 다가오면 불안이 엄습한다. 토익이다 자격증이다 열심히 준비하지만, 막상 취업은 잘 되지 않는다.

취업을 하고 나면 내 세상이 올 것만 같았다. 하지만 이제는 범 같은 상사들의 비위 맞추랴, 업무 익히랴, 승진 시험 준비하랴 하루도 마음 편할 날이 없다. 게다가 직급이 높아질수록 경쟁자의 견제가 치열해진다. 공은 서로 챙기려 하고 책임은 회피하려고 한다. 기껏 보고서를 만들어 상사에게 올렸더니 상사는 임원에게 모든 게 자기 아이디어인 것처럼 보고해버린다. 잘못된 일은 부하직원이나 동료에게 떠넘긴다. 말에 비수를 꽂아 가슴을 찔러대는 '또라이' 같은 동료도 간혹 있다.

직장인들이 흔들리고 있다. 많지 않은 월급은 쪼개고 또 쪼개 써도 부족하다. 열심히 일하는데도 미래가 보이지 않는다. 직장을 때려치우고 싶은 마음이 하루에 열두 번도 더 든다. 마음을 다잡아 다시 열심히 해도 갑갑한 마음은 사라지지 않는다.

힘든 직장인들의 삶이 시간만 지나면 모두 해결될까? 전혀 그렇지 않다. 1년 전 문제가 해결될 때쯤 새로운 문제가 생겨난다. 그 문제가 해결되기도 전에 다른 문제가 들이닥친다. 시간은 전혀 해결책이 되지 못한다. 이때 마음을 잘 관리하지 못하면 잘못된 선택을 하게 되고 인생이 더 꼬인다.

진정한 힐링이 필요하다

점심시간이면 쏟아져 나오는 직장인들을 보면서 '저들은 지금 어떤 생각을 하고 있을까?' 하는 생각이 절로 든다. 입가에 미소를 짓고 있는 여직원들, 스마트폰을 뚫어지라 쳐다보는 20대 후반의 남자 직원, 그들 앞에서 의기양양 걸어가는 배 나온 상사…. 각기 다른 모습인데 생김새만큼 고민도 다양할 것이다. 출근하고 하루 중 가장 즐거운 시간이 점심시간이 아닐까? 그 시간만은 모든 고민을 잊고 즐기고 싶을 뿐이다. 점심시간이 끝나 다시 자리로 돌아가면 과중한 업무에 머리가 지끈거리겠지만.

평생직장의 개념이 사라진 이 시대를 살아가는 직장인들은 고민이 많을 수밖에 없다. 연봉이 얼마나 오를지, 이번엔 승진을 할지 등의 고민부터 언제까지 직장을 다닐 수 있을까, 회사가 어렵다고 하던데 등 미래에 대한 고민까지 무수히 많다. 집에 와도 치솟는 전셋돈에 자식들 교육, 연로하신 부모님 부양 문제까지 머리가 터질 지경이다.

고민이 많은 건 직장인들만이 아니다. 그런 직장이라도 있으면 좋겠다고 외치는 취업준비생, 취업에 대한 확신이 없이 도서관이다 학원이다 방향을 잃은 대학생까지 모두 얼굴에 그늘이 져 있다.

얼마 전부터 '힐링'이란 말이 유행이 됐다. 지친 몸과 상처받은 마음에 치유가 필요하다는 인식이 널리 퍼지면서부터다. 우직하게 버티면 될 거라 믿었던 직장인들조차 이제는 힘겨워하고 있다. 지친 2030에게 힐링을 해준다며 곳곳에서 다양한 프로그램을 제시하고 있다. 도움을 받은 사람들도 있지만 여전히 힘들어하는 직장인이 대부분이다.

코가 비뚤어지게 술에 취하고 어제 뭘 먹었는지 확인하는 걸 힐링이라고 착각하는 사람도 있다. 그건 스트레스를 잠시 잊는 것일 뿐이다. 술이 깨면 다시는 안 마셔야지 다짐한다. 그리고 다시 원래의 스트레스 원천으로 돌아간다. 스트레스를 잠시 잊었을 뿐 변한 건 아무것도 없다. 그러는 과정을 반복하느라 마음의 상처를 치유하지 못해 결국 자포자기 상태가 되는 사람들이 많다.

2장

마음이
무너지면
삶도 무너진다

붕괴의 도미노

첫 직장을 그만둔 후 나에게 벌어진 일

비 오는 날이었다. 손에 피를 잔뜩 묻힌 채 울고 있었다. 빗물인지 눈물인지 알 수 없었다. 다만 빗물보다는 더운 걸로 보아 눈물이라는 걸 짐작할 수 있었다. 피가 나는 손에는 우산이 들려 있었다. 찢어져 너덜거렸고 우산살은 모두 부러져 있었다. 피가 흘러도 고통이 느껴지지 않았다. 마음이 더 아팠기 때문이다.

직속상사인 Y 차장은 나를 싫어했다. 특별한 이유는 없었다고 생각한다. 입사한 첫날부터 1년여 동안 한 번도 나에게 따뜻한 말 한마디 건넨 적이 없었다. 능력은 뛰어난 사람이지만 부하직원은 잘 관리하지 못했다. 서로의 감정은 자꾸 멀어졌고 결국 그날 일이 터져버렸다.

부서장이 회식을 공지했다. 부서원 몇몇은 핑계를 대며 참가하지 않았다. 부서장은 불편한 심기를 드러냈다. 참석한 사람들은 눈치를 보며 말 한마디 없이 술만 마셨다. Y 차장도 말없이 술을 들이켰다. 나는 상사들에게 일일이 술을 따랐다. Y 차장 술잔이 비어 있는 걸 발견하고 술을 따르려 하자 그는 술잔을 옆으로 치웠다. 내 술을 받기 싫다는 의미였다. 그때 부서장과 눈이 마주쳤다. 그래도 따라주라는 눈치를 준다. 나는 다시 Y 차장의 빈 술잔에 술을 따랐다. 그 순간 Y 차장이 술잔을 치워버렸다. 그러자 술잔이 엎어져 테이블에 술이 쏟아졌다.

Y 차장은 "네 술은 받기 싫다고"라며 소리치며 욕설을 했다. 모두 나를 쳐다봤다. 그냥 화가 났다. 이유를 말해주지 않고 나를 싫어하는 Y 차장이 미웠다. 그리고 그의 행동에 화가 치밀어 올랐다. 도저히 참을 수가 없었다. 그렇다고 상사에게 화를 낼 수는 없었다.

그 자리를 뛰쳐 나왔다. 거센 빗줄기 속에서 나는 혼자서 울부짖었다.

"내가 잘못했습니다. 내가 잘못했습니다. 다 나 때문입니다." 상사에 대한 원망을 우산에 실어 땅바닥에 마구 내리쳤다. 쉬지 않고 내리쳤다. 지나가는 사람들이 미친놈 쳐다보듯이 옆으로 슬슬 피해 갔다. 서러웠다. 나 혼자 왜 이리 힘든 걸까? 왜 나에게 이런 시련이 오는 걸까? 그렇게 나는 첫 회사를 떠났다.

대책 없이 회사를 떠났기 때문에 수중에 돈도 거의 없었다. 회사에서 정산해준 얼마 안 되는 퇴직금과 마지막 월급이 전부였다. 여러 회사에 이력서를 넣었지만 받아주는 데는 없었다. 시간만 자꾸 갔다. 어디라도 취직을 해야 했다. 여자 친구에게 걱정을 끼치고 싶지는 않았지만 데이트할 때도 최대한 돈을 아껴야 했다.

벼룩시장을 펼쳐 아르바이트 자리를 찾아 헤맸다. 전화를 거니까 일단 와보라고 했다. 무역회사라고 해서 갔는데 건강식품들이 잔뜩 쌓여 있었다. 이력서와 주민등록등본을 제출했다. 판매 대금 입금 서약서에 사인을 하라고 했다. 그리고 네 명을 한 팀으로 구성하더니 나가서 건강식품을 팔고 오라는 것이었다. 사장으로 보이는 사람에게 갔다. 무역회사 아니냐고 물었다. 그는 제품을 수입해서 파는 회사니까 무역회사가 맞다고 했다. 나가서 제품 홍보를 해서 실적이 좋으면 정직원으로 채용해준다고 했다.

사장 설명에 의하면 한 개 팔면 수당이 2만 원이고, 10개 팔면 20만 원이라고 했다. 한 달에 400~500만 원 버는 사람도 있으니 열심히 해보라고 덧붙인다. 어깨에 띠를 두르고 시장과 사무실을 돌아다녔다. 처음 보는 사람에게 웃으며 다가갔다. 어르신들께 건강식품에 대해 설명하고 하나 사달라고 했다. 하지만 아무리 돌아다녀도 한 개 팔기가 쉽지 않았다. 게다가 차비, 점심값을 제하면 남는 게 거의 없었다.

다른 회사에서 면접 보러 오라고 연락이 왔다. 국내 영업사원을 모집하는 곳이었다. 사장은 자기가 군인 출신이며 각계각층에 인맥이 많다고 자랑했다. 그리고 제품에 대한 소개를 했다. 당시는 삐삐를 사용하던 시절이었다. 공용 전화를 설치해 해당 번호로 전화가 오면 전광판을 통해 전화 받을 사람을 알려주는 시스템이었다. 나름대로 아이템은 괜찮은 듯했다. 이 회사도 제품을 팔아야 수당을 지급했다. 나는 할 수 있을 것 같았다. 아니, 해야만 했다. 뭐라도 해야 먹고살 수 있었기 때문이다. 제품을 팔러 돌아다녔다. 지하철이나 커피숍, 당구장 등 사람이 모이는 곳이면 어디든 필요한 제품이라 생각했다.

실제로 몇 군데에서 관심을 보였다. 시범적으로 사용해보겠다고 했다. 하지만 가격이 맞지 않았다. 손님에게 서비스를 제공하기 위해 설치하는 제품치곤 비쌌다. 관심은 있었지만 선뜻 결정을 못 했다. 사장에게 가격이 비싸 고객들이 결정을 못 한다고 보고했다. 그러자 내 수당에서 깎아주라고 했다. 영업사원에게 주는 가격에서 10원도 빼줄 수 없다는 것이다. 결국 거의 남는 것 없이 판매를 했다. 수당이라고 받는 게 거의 없으니 월급날 받는 돈은 너무 적었다. 게다가 사장은 영업사원들이 다니면서 접촉한 모든 거래처의 정보를 요구했다. 영업사원들이 하다가 힘들고 돈이 안 되어 그만두고 나면 사장이 직접 연락해 영업사원 수당만큼 빼주고 팔았다. 영업사원들은 말 그대로 이용만 당했다.

첫 직장을 그만둔 후 6개월 동안 여러 일을 했다. 건강식품, 전화 알림 전광판 기계, 경보기 등 별의별 제품을 팔러 다녔다. 말 그대로 외판원에 불과했다. 4대 보험은커녕 제대로 월급이라고 받은 것도 거의 없었다. 생활은 각박했다. 관리비와 전기요금이 밀렸다. 밥 먹기도 힘들었다. 부모님과 같이 살았다면 그나마 나았을 텐데 혼자 살다 보니 어디 하소연할 데도 없었다.

그런데 하루는 아버지가 집으로 오셨다. 사람들 시켜 내 짐을 모두 트럭에 실었다. 나는 어안이 벙벙했다. 아버지는 다짜고짜 야단을 치셨다.

"너 뭐 하는 녀석이야? 도대체 회사는 왜 그만둔 거야? 그리고 관리비, 전기요금이 밀릴 정도로 뭐 하고 다녔어?"

그 집은 아버지가 계약을 하셨다. 관리비가 밀리자 관리실에서 아버지에게 전화를 했던 모양이다. 그 길로 내 짐을 모두 실은 채 본가로 들어갔다.

아버지께 6개월 전에 회사를 그만두었다는 말씀을 드렸다. 그러나 차마 외판원 하고 다녔다는 말씀은 드리지 못했다. 하나밖에 없는 아들이 외판원이나 하고 다녔다면 가만히 계시지 않았을 거다.

운전대만 잡으면 달라지는 사람들

SBS 〈출발 모닝와이드〉에 '블랙박스로 본 세상'이란 코너가 있다. 블랙박스에 찍힌 각종 사고 동영상을 보여주며 경각심을 일깨우고자 하는 프로그램이다. 충격적인 사고 동영상이 많았다. 그중 기억에 남는 장면 하나를 소개하겠다.

고속도로에서 차량 두 대가 시비가 붙었다. 두 대가 빠른 속도로 경쟁하듯 달렸다. 운전자끼리 시비가 붙어 서로 욕설을 퍼붓고 있는 걸로 보였다. 빠른 속도인 데다가 너무 바짝 붙어서 달린다 생각하는 순간 차가 서로 부딪쳤다. 오른쪽 차가 중심을 잃고 오른쪽으로 꺾였다. 그리고 가드레일을 박고 멈춰 섰다. 다행히 두 차 모두 전복되지는 않아 운전자들은 무사했다.

운전하면서 화나는 일이 참 많다. 옆 차선에 있던 차가 갑자기 끼어들면 화가 머리끝까지 난다. 가끔 어떤 차는 위협 운전을 하기도 한다. 한쪽 운전자가 창문을 열고 "운전 좀 똑바로 해!"라고 소리치면 상대방도 발끈해 "얻다 대고 반말이야?"라고 대응한다. 심하면 도로에 차를 세워놓고 멱살잡이를 하기도 한다. 아는 사람 중에 평소에는 정말 양반인데 운전만 하면 옆 차량과 시비를 벌이는 사람이 있다. 부인이 그러지 말라고 여러 번 주의를 줘도 소용이 없었다. 심지어 그 일로 부부싸움까지 한다.

운전대만 잡으면 평소보다 과감해지는 사람들이 있다. 상대편 차에서는 내 차 안이 잘 보이지 않기 때문이다. 소위 익명성 효과다. 평소에는 배려심 많고 예의 바른 사람이 운전대만 잡으면 돌변하는 이유다.

앞서 말한 블랙박스 동영상처럼 시비가 붙어 서로 감정 싸움을 하다 사고로까지 이어진 건 심각한 경우에 속한다. 자칫 서로의 목숨을 위협할 수 있는 아찔한 사고로 이어질 뻔했다. 만약 각 차량에 운전자뿐 아니라 가족이 타고 있다가 사고가 크게 났다면 어쩔 뻔했나? 고속도로 옆은 낭떠러지로 보였다. 차 한 대가 오른쪽 가드레일을 받고 멈춰 섰기에 망정이지 가드레일을 뚫고 넘어갔다면…. 생각만 해도 끔찍하다.

운전하면서 욱하는 감정이 생길 수 있다. 하지만 얼른 냉정을 되찾아야 한다. 상대와 시비가 붙어서 무슨 좋은 일이 있겠는가. 상대보다 조금 더 빨리 간다고 자신이 더 훌륭한 사람이 되는가? 절대 아니다. 순간적인 감정을 억누르지 못해 자칫 큰일로 이어지는 걸 막자는 말이다.

나도 예전에는 운전하다 멱살잡이를 여러 번 했다. 그때마다 결국 나에게 도움되는 일은 아무것도 없었다. 기분은 나쁘고 시간만 지체되었다. 서로 폭력을 휘두르지 않은 것만 해도 다행이다. 지금은 그러지 않는다.

한 번은 출근길에 비보호 좌회전 차선에 서 있었다. 뒤에 따라오던 차는 직진을 하려고 했던 모양이다. 나에게 계속 경적을 울려댔다. 비키라는 말이다. 나는 반대편에서 계속 차가 오니 좌회전을 할 수가 없었다. 뒤차는 힘들게 2차선으로 옮기더니 창문을 내리고 나에게 욕설을 퍼부었다. 물론 나도 기분이 나쁘고 욱하는 마음이 들었다. 그러나 흥분하지 않았다. 나는 그 차를 뒤따라갔다. 내가 따라오는 걸 눈치챘는지 도망을 가듯이 빨리 달렸다.

마침 신호에 걸려 멈추자 차에서 내려 그 차로 갔다. 그리고 운전

석 창문을 두드렸다. 운전자는 창문을 10센티미터 정도 내리더니 왜 그러느냐고 물었다. 나는 그를 감정적으로 대하지 않고 차분하게 말했다.

"아까 그 차선은 비보호 좌회전 차선이라서 제가 서 있었습니다. 혹시 제가 잘못한 게 있었나요?"

그는 내가 화를 내면서 난리 칠 거라 생각했는데 매우 차분하게 말을 하니 오히려 당황한 듯했다.

"아니, 그게 아니고요. 비보호 좌회전 차선이 맞아요? 아닌 것 같던데…"

"맞습니다. 못 믿겠으면 내일 아침에 다시 확인해보세요."

그는 쭈뼛쭈뼛하더니 말했다.

"알았어요. 내일 아침에 확인해보죠. 그게 비보호 좌회전 차선이 맞는다면 내가 잘못한 거네요. 아침부터 욕해서 미안합니다."

그 운전자도 사람이다. 직진해야 하는데 앞차에 막히니 짜증도 났을 것이다. 그래서 욱하는 마음에 나에게 욕설을 했을 것이다. 이해는 한다. 하지만 만약 상대방이 내가 아니고 성질 더러운 사람이었다면 일이 크게 벌어졌을지도 모른다. 나 또한 순간 치밀어 오르는 감정을 추스르지 못했다면 아마도 볼썽사나운 장면이 연출되었을 것이다. 하지만 좋게 타일렀더니 오히려 그 사람이 미안해하며 사과를 했다. 멘탈링을 해서 감정을 잘 다스린다면 도로 위에서 부질없이 목숨을 잃거나 전과자가 되는 일은 없을 것이다.

도박에 빠진 연예인

11월이면 연예계는 긴장하게 된다. 연예계에서는 희한하게도 11월이면 어김없이 안 좋은 일이 생긴다. 오죽하면 11월 괴담이라는 말까지 생겼겠는가. 2013년 11월에도 연예계에 일이 터지고 말았다.

방송계를 주름잡던 많은 연예인이 인터넷 불법 도박을 한 혐의로 징역형과 집행유예를 선고받았다. 지상파뿐만 아니라 케이블 채널까지 다양한 활동을 하던 유명 연예인들이 연루된 사건이라 더욱 충격을 주었다.

개그맨 출신의 한 유명 MC가 같은 해 3월에 불법 도박을 했다가 입건된 적이 있었다. 그는 혐의 사실을 모두 인정하고 징역형과 집행유예를 선고받았다. 그런데 얼마 후 다른 연예인들이 같은 혐의로 수사망에 오른 것이다.

그들은 방송 프로그램에서 모두 하차했고 자숙의 시간을 보내고 있다. 언젠가 다시 방송에 슬그머니 얼굴을 비치며 복귀하겠지만, 시청자들은 결코 예전과 같이 호의적인 시선으로 그들을 보지는 않을 것이다. 인기로 먹고사는 연예인들에게는 치명적인 결함이다.

나는 노름에는 참 소질이 없다. 그 흔한 고스톱도 칠 줄 모른다. 재미가 없다. 그래서인지 노름이나 도박에 빠지는 사람들을 잘 이해하지 못한다. 가족이 함께 모여 재미로 치는 수준이 아니라 큰돈이 오간다면 반드시 문제가 생긴다. 주변에서도 도박에 빠져 생업을 등한시할 뿐 아니라 가진 돈마저 다 날리는 일을 많이 보고 들었다. 돈만 잃는 데 그치지 않고 생명까지 잃거나 앗아가는 사건으로 번지기도 해서 참으로 안타까웠다.

유명인이 잘못을 저지르면 언론에 알려진다. 한 번의 실수로 치부하기에는 이미지에 큰 타격을 입는다는 게 문제다. 연예인 특성상 한 번에 목돈이 들어오고 일반인들에 비해 수입이 많으니 도박 브로커들의 유혹에 쉽게 넘어가는 경향이 있다. 재미로 시작한 것이 돌이킬 수 없는 결과로 이어졌다. 그들은 재미로라도 시작하지 말았어야 했다. 이게 나중에 자신에게 치명타를 입힐 것임을 알고 유혹을 뿌리쳤어야 했다. 평정심을 유지해서 미래를 위해 이성적으로 판단해야 했다. 그러나 그들은 그렇게 하지 못했다.

방아쇠를 당기는 순간

젊은 나이에는 마음이 강하지 못했고 작은 것 하나에도 쉽게 마음이 무너졌다. 직속상사와의 불화로 쌓여온 감정이 한순간 속절없이 폭발하고 말았다. 그렇게 평정심을 잃어버린 후 내가 겪어야 했던 시련은 너무나 혹독했다. 멘탈링만 했더라면 첫 회사를 그렇게 허무하게 그만두지는 않았을 것이다.

회사생활이 힘들어 대책 없이 회사를 그만두는 젊은 직장인들이 많다. 상사가 기분 나쁘게 해서, 월급이 적어서, 그 밖에 여러 가지 이유로 회사를 그만둬버린다. 부모님께 의지해서 살 수 있는 사람이라면 몰라도 그렇지 않은 사람은 준비 없이 회사를 그만두면 안 된다.

심각한 경제적 어려움을 겪을 수 있기 때문이다. 백수, 백조 생활이 길어질수록 더욱 곤란해진다.

지금 다니는 회사가 힘들다고 해서 다른 회사로 옮기면 더 나아질 것 같은가? 그런 보장은 어디에도 없다. 모든 일에는 좋은 점과 안 좋은 점이 있기 마련이다. 연봉은 적은데 칼퇴근이 가능한 회사도 있고 연봉은 많은데 매일 야근을 해야 하는 회사도 있다. 어느 회사나 장단점이 있기 때문에 이직을 한다고 해서 반드시 나아지리라는 보장은 없다. 회사를 그만둘 때에는 정말 신중하게 결정해야 한다. 특히, 옮겨갈 곳도 없는데 순간의 분노를 참지 못해 회사를 그만두면 절대 안 된다. 도저히 회사를 그만두지 않으면 안 될 상황일지라도 대책은 반드시 마련해두어야 한다.

너무나 고통스러운 나머지 자살로 생을 마감하려는 사람이 있다. 절벽 위에 서서 지나간 날을 회상한다. 자신에게 고통을 준 사람을 원망하며 더 이상 살고 싶지 않으니 죽어버리자고 결심한다. 절벽 끝에 발을 딛고 섰다. 몸을 앞으로 숙이며 발끝을 살짝 튕긴다. 그런데 그 순간 살고 싶다는 마음이 들며 뛰어내리기로 했던 자신의 결정을 후회한다면? 늦었다. 모든 게 끝났다. 발끝을 튕겨 몸이 공중에 뜬 순간부터는 자신이 통제할 수 없는 상황이 된다. 후회해도, 돌이키고 싶어도 소용이 없다. 발끝을 튕기기 전이라면 되돌릴 수 있었지만, 발끝을 튕기는 순간 이제 자신이 통제할 수도 제어할 수도 없는 결과를 맞게 된다.

사람이 욱하는 성질에 사고를 치거나 충격에 마음이 무너지거나 유혹에 빠지는 것은 감정 폭발의 방아쇠를 당기는 순간이 있기 때문이다. 절벽 위에서 발끝을 튕기는 바로 그 순간처럼 말이다. 그 방아쇠를 당기느냐 참느냐로 인생의 방향이 완전히 바뀌기도 한다. 부부싸움을 칼로 물 베기라고 했던가? 싸우고 돌아서면 언제 그랬냐는 듯 시시덕거린다. 그런데 이처럼 칼로 물 베는 부부싸움에서도 방아쇠를 당기면 큰일이 나고 만다. 서로 언성이 높아지며 자기 입장만 강력하게 주장하기 쉬운데, 어떤 경우라도 선을 넘지 않도록 서로 조심해야 한다. 최후의 마지노선은 지켜야 한다. 그런데 방아쇠를 당겨 감정이 폭발해버리면 그때는 감당이 안 된다. 브레이크 없는 차처럼 가속도가 붙어버린다. 그렇게 되면 더는 칼로 물 베는 싸움이 아니다. 폭력의 현장이 되고 뉴스거리가 된다. 결국 둘은 돌이킬 수 없는 잘못을 저지르게 된다. 마음이 진정된 후 '내가 왜 그랬을까' 아무리 후회해도 소용없다. 방아쇠는 절대 당기지 마라.

리더는 말 그대로 이끄는 사람

직원을 수시로 갈아치우는 경영자

IMF 구제금융 이후 평생직장이란 개념이 사라졌다. 직원은 여기저기 회사를 옮겨 다니며 몸값 흥정에 바쁘고 사장은 마음에 안 드는 직원을 경영상의 이유를 대며 해고한다.

후배 K는 큰 키에 서글서글한 성격을 가진 사람이다. 중소기업에서 영업을 담당하며 열심히 살았다. IMF 직후 경영이 어려워진 기업들이 직원들을 대량 해고하는 일들이 잦았다. 후배 K의 회사는 환율이 급등하고 수출 물량이 늘어 공장을 24시간 가동할 정도로 잘되고 있었다. 어느 날 사장이 해고자 명단을 발표했다. 사람들은 깜짝 놀랐다. 이렇게 회사가 잘 돌아가는데 왜 해고를 하는지 이해가 가질 않았다. 사장은 경영이 어렵다는 핑계로 평소 마음에 들지 않던 직원들을 해고해버렸다.

결혼을 두 달 앞둔 K도 그 명단에 들어 있었다. 충격이 컸다. 누구보다 열심히 일했는데 왜 자기 이름이 거기 들어가 있는지 이해하지 못했다. K는 급히 다른 일자리를 알아보려 했지만 쉽지 않았다. 마음이 조급해진 K는 엄청난 스트레스에 힘들어했다. 결혼 한 달 전 그는 집 앞 주차장에서 새로 산 자신의 차에서 내리다 쓰러졌다. 그리고 그대로 죽었다.

한 중소기업에 다닐 때였다. 입사한 지 몇 개월 지나지 않았을 때 이상한 점을 느꼈다. 회사를 그만두는 사람이 유난히 많았던 것이다. 두 달 전에 세 명이 그만두었는데 지난달에는 두 명, 이번 달에도 두 명이 회사를 떠났다. 의아한 생각이 들어 평소에 친하게 지내던 한 임원에게 이유를 물어보았다. 그 임원은 충격적인 말을 했다.

"우리 사장은 이상한 사람이야. 사람 자르는 게 재미있나 봐."

"예? 그럼 지금 회사를 그만둔 직원들이 자진해서 그만둔 게 아니라 사장님이 해고한 거란 말씀이세요?"

"그렇다니까. 직원이 사소한 실수라도 하거나 조금이라도 마음에 안 들면 가차 없이 해고해버려."

그날 이후 정말 희한한 광경을 자주 목격했다. 직원들이 걸핏하면 해고되고 그 빈자리는 수시로 충원되었다. 나중에는 직원들 이름 외우기도 힘이 들 지경이었다. 사실 나도 언제 저런 신세가 될지 모른다는 생각에 항상 불안했다. 그래도 마음을 진정시키고 최선을 다해 일했다. 그 덕에 우리 팀의 성과가 상당히 좋아졌다.

아침에 팀원들과 시원한 바람을 맞으며 옥상에서 커피를 한 잔씩 마시고 있었다. 그런데 팀원 중 하나가 사장 호출을 받고 급히 내려갔다. 나는 순간적으로 혹시나 하는 불안한 마음이 들었다. 역시나 사장은 그 팀원에게 해고 통지를 했다. 재고 관리를 잘못했다는 이유였다. 해고까지 할 정도는 아니었다. 팀장으로서 나는 사장에게 해고를 철회해달라고 요구했다. 재고는 최대한 이른 시일 안에 정상화시키겠다고 약속했다. 하지만 내 말은 받아들여지지 않았고 팀원은 끝내 해고되고 말았다. 그 일이 나도 회사를 그만두게 된 계기가 되었다.

회사 간다는 건 상사를 만나러 간다는 것

2014년 후반을 뜨겁게 달군 드라마가 있다. 〈미생〉이다. 종합상사에 입사한 계약직 사원 장그래의 이야기인데 많은 직장인의 공감을 이끌어냈다. 윤태호가 집필한 웹툰이 원작인데 거기에 이런 말이 나온다.

"'회사 간다'라는 건 내 '상사'를 만나러 간다는 것이다."

상사가 곧 회사라는 의미다. 다음 말들에 담긴 속뜻을 알아보자.

"우리 회사는 너무 빡빡해." (우리 팀장님은 너무 빡빡해.)

"우리 회사 술 너무 먹어." (우리 부장님 술 너무 먹어.)

"우리 회사는 절차를 너무 따져." (우리 사장님은 절차를 너무 따져.)

상사가 좋으면 회사가 천국이고 상사가 엿 같으면 회사가 지옥과 같다는 뜻이다. 회사생활이라는 게 상사의 성향이나 성격, 능력에 달려 있다고 해도 과언이 아니다. 여기서 상사는 직속상사일 수도 있고 팀장이나 부장 또는 임원이나 사장일 수도 있다. 직급은 다르겠지만 업무를 하는 데 직접적인 연관이 있는 사람이다.

새로운 회사로 옮겼을 때 일이다. 출근한 첫날, 팀장급 이상 직원들이 점심을 먹으러 가기 위해 엘리베이터를 기다리고 있었다. 한 직원이 나를 보더니 "야, 너는 집이 어디냐?"라고 묻는 것이었다. 나보다는 몇 살 많아 보였지만 나를 처음 보는 자리에서 그가 한 첫 마디가 "야!"였다. 나도 한 팀을 맡고 있는 팀장이고 적은 나이도 아닌데. 물론 대답은 했지만 기분이 무척 나빴다.

부하직원에게 말을 함부로 하는 상사들이 많다. '야' 또는 '너'는 기본이고 심지어 욕설까지 서슴지 않는다. 기본적으로 부하직원들을 무시하는 경향이 심하다. 많은 상사들이 나이가 어리거나 직급이 낮은 사람은 무조건 자기보다 못한 인간이라고 생각한다. 그러니 배려와 격려를 기대하기 어렵다. 매일 같은 사무실에서 같은 상사 밑에서 무시당하는 직장생활이 괴로울 수밖에 없다.

한편으로, 상사가 반말을 해도 야단을 쳐도 욕설을 해도 기분 나쁜 게 아니라 죄송한 마음이 드는 경우가 있다. 왜 그럴까? 그건 이미 상사와 부하직원이 충분한 공감대를 형성하고 있기 때문이다.

'우리 사장님은 나를 아끼고 이끌어주는 고마운 분이야.'

'우리 팀장님은 말씀은 저렇게 하셔도 다 나 잘되라고 그러시는 거야.'

'내가 부족해서 그런 거니 조금 더 분발해야겠다.'

야단을 맞는 부하직원의 머릿속에 이런 생각이 들 정도라면 그 상사는 정말 괜찮은 리더다. 평소 부하직원을 내 동생, 내 자식처럼 아끼고 사랑하며 챙겨주는 훌륭한 리더임이 틀림없다. 서로 공감대가 형성되어 신뢰로 이뤄진 사이라면 상사가 야단을 쳐도 부하직원은 충분히 이해한다.

조선 왕조에는 스물일곱 명의 왕이 있었다. 지와 덕을 겸비한 선왕도 있었고, 온갖 악행을 저지른 폭군도 있었다. 선왕 시기의 충신들은 세상 개혁에 큰 공을 세웠다. 하지만 폭군 아래의 충신들은 능력 없는 간신들에 의해 역적으로 몰려 쫓겨나거나 죽임을 당했다.

직장생활을 하다 보면 직원들끼리 모여 회사에 대해 여러 가지 이야기를 한다. '이렇게 하면 회사가 더 발전할 텐데, 우리 사장님은 왜 이런 걸 모를까' 하며 개탄하는 일도 있다.

회사 발전이나 개혁을 위한 충심에서 하는 이야기임에도 회사 경영진은 그런 말들을 불평불만으로만 받아들인다. 직원이 아무리 똑똑하고 능력 있더라도 그 뜻을 받아들일 줄 모르는 왕(사장)에게는 그 충언이 통하질 않는다. 사장은 그것을 자신을 무시하는 말로 생각한다. 또는 자존심 상해한다. 설령 나중에 후회하는 일이 생길지라도 충언을 받아들이지 않고 간사한 말에 놀아난다. 능력 있고 똑똑한 직원 대신 능력 없지만 자신의 말에 둥실둥실 춤추는 직원을 좋아한다. 그런 직원을 더 가까이 두게 되고 결국 그 직원이 오래 버틴다.

강낭콩은 햇빛을 받지 못하면 가늘고 길게 자란다. 햇빛을 받아야 굵고 튼실하게 자랄 수 있다. 만약 당신의 직장이 그런 환경이 아니라고 판단되면 애초에 햇빛을 기대하지 마라. 햇빛을 왜 주지 않느냐고 사장이나 상사에게 따질 필요 없다. 우리 회사는 왜 이러냐고, 우리 상사는 왜 저러냐고 마음 상해하지 마라. 당신만 힘들어지고 제풀에 지쳐버린다. 그냥 그들의 그늘 밑에서 조용히 말 그대로 '가늘고 길게' 사는 게 나을지 모른다.

칠면조 틈에 섞인 독수리

《초한지》에 한신과 진평은 뒤늦게 유방 밑에 들어가 유방이 천하를 얻는 데 큰 공을 세운 인물들로 나와 있다. 주군을 모시고 새로운 세상을 열어 권력을 누리고 싶은 게 그들의 꿈이자 비전이었다. 그런데 왜 그들은 뒤늦게 합류했을까? 한 치 앞을 내다보기 힘들고 언제 목숨을 잃을지 모르는 그런 시대에는 어떤 주군을 모시는가가 정말 중요했다. 자신이 천하의 주인이 될 인물이 아니라고 판단되면 그런 인물을 찾아 나서야 했다.

예전에는 한 직장에 들어가면 평생을 다녔다. 지금도 아버지 세대는 여러 회사를 옮겨 다니는 젊은이들을 좋게 평가하지 않는다. 이력서에 다닌 회사가 세 개만 넘어도 서류심사에서 탈락시켜버린다. 하지만 지금은 시대가 달라졌다. 회사조차 언제 망할지 모르는 위험이 도사리는데 직장인들이라고 한 회사에 목을 맬 수는 없는 노릇이다. 언제까지 다닐 수 있을지도 모르는 회사에서 10년 후를 바라보고 적은 연봉을 받으며 버틸 직장인은 많지 않다. 그러니 연봉 더 준다는 회사가 있으면 큰 고민 없이 옮길 수밖에 없다. 여러 회사에 다녔다는 게 부끄러운 일은 아니다. 한 회사에서 오래 근무했다고 해서 자랑할 일도 아니다.

첫 직장부터 좋은 회사에 존경받는 CEO 밑에서 일을 배우고 높은 급여를 받는 사람도 있다. 운도 참 좋은 사람들이다. 하지만 그런 사람은 얼마 안 된다. 나머지 사람들은 여러 가지 불만을 안고 직장생활을 한다.

당신은 독수리 같은 사람이 되어야 한다. 칠면조 틈에 끼어 있어봤자 별 볼 일 없다. 기복염거(驥服鹽車)란 말이 있다. '하루에 천 리를 달리는 준마가 겨우 소금수레를 끈다'는 뜻이다. 하루에 천 리를 달릴 수 있는 준마를 제대로 알아보지 못하는 주인 밑에서는 어쩔 수 없이 소금수레나 끌어야 한다. 칠면조 조직에서 독수리로 대접해달라고 소리쳐 봐야 당신이 원하는 만큼의 대우를 받기 힘들다. 기껏해야 칠면조보다 조금 더 나은 대접밖에 안 된다.

뛰어난 능력과 강한 마음을 가진 독수리가 되어 날아올라야 한다.

스스로 날아오르기가 힘에 부치면 훌륭한 리더의 힘을 빌려 날아오르면 된다. 독수리 리더인 줄 알고 찾아갔는데 칠면조 리더였다면 과감히 떠나야 한다. 칠면조 리더에게서 배울 것은 없다.

수백, 수천 년이 지나도 이름을 남긴 2인자, 3인자들은 자신의 비전을 이루어줄 주군을 찾는 데 주력했다. 겪어보고 아니다 싶으면 미련 없이 주인을 버리고 다른 주인을 찾아갔다. 다행히 훌륭한 주군을 만난 2인자, 3인자들은 후대에 이름을 남길 수 있었다. 하지만 그런 주군을 만나지 못한 사람들은 능력을 제대로 펼쳐 보이지도 못하고 역사의 뒤안길로 사라졌다.

부하를 배려하고 아끼며 신의를 지키는 리더를 만나지 못했다면 찾아 나서야 한다. 지금 모시는 리더가 자신의 비전을 이루어줄 사람이 아니라면 과감히 떠나야 한다. 더 있어봐야 시간만 낭비하게 된다. 아까운 젊은 시절을 칠면조 리더 밑에서 허송세월하지 않기를 진심으로 바란다. 대신 훌륭한 리더를 만났다면 목숨을 건다는 각오로 최선을 다해야 한다.

참고로 김성근 감독은 열두 번 해고당한 경험이 있다. 열세 번째 팀은 야구계 현실에 부딪혀 해체되고 말았다. 그래도 그는 야신, 즉 '야구의 신'으로 불리고 있다. 그는 프로야구 구단에서 영입하고 싶은 감독 후보 0순위다. 그야말로 진정한 독수리다(그는 현재 한화이글스 감독이다).

백만불짜리 리더십

오랜만에 어릴 적 친구를 만났다. 인천공항공사에 근무하는 친구인데 해외 출장 가는 길에 시간이 조금 남아 전화를 했다. 공항의 한 커피숍에서 만나 살아가는 이야기를 나누었다. 그때 마침 이채욱 씨가 인천공항공사 사장으로 근무한다는 기억이 떠올랐다. 《백만불짜리 열정》이란 책을 쓴 이채욱 사장은 오랫동안 열정이란 단어로 내 마음을 데운 장본인이다.

"이채욱 사장님 잘 계시지?"

"아, 이 사장님? 얼마 전에 퇴임하셨어."

"그래? 그분은 어떤 분이셔? 내가 예전에 그분 책 읽고 팬이 됐거든."

"이 사장님, 정말 멋진 분이야. 직원 대부분이 그분을 존경했어."

"그렇군. 사장님들 중에 존경 못 받는 분도 얼마나 많은데. 역시 이채욱 사장님이군."

"맞아. 보통 사장님들 퇴임식 할 때 직원들이 별 느낌이 없는 게 사실이야. 그런데 이채욱 사장님 퇴임식에서는 여직원들이 얼마나 울었는데."

그가 존경받는 이유가 구체적으로 어떤 건지 궁금했다. 친구 말에 의하면 이채욱 사장은 말은 별로 없는 편이지만 항상 직원들을 칭찬하고 고마워한다는 것이다.

바로 그거다. 진정한 리더십은 거창하거나 대단한 데서 나오는 용

트림이 아니다. 진심에서 우러나오는 감사와 배려에 있다. 젊은 직장인이라면 아직 리더십을 발휘할 위치에 있지 않을 것이다. 하지만 현재 당신의 상사들이, 당신의 동료들이 당신을 정말 슬프게 하더라도 당신은 그러지 마라. 그들의 잘못된 언행을 잘 지켜보고 배워라. '나는 저러지 말아야겠다'고 다짐하라.

리더는 마음대로 할 수 있지만 마음대로 해서는 안 되는 자리다. 당신이 그들의 위치에 있을 때에는 백만불짜리 리더십을 가진 진정한 리더로 거듭나 있기 바란다.

다양한 처세 방법

홀수 더하기 홀수는 짝수

간단한 수학 문제를 보자.

홀수 더하기 홀수는? 답을 알겠는가? 답은 짝수다. 그러면 짝수 더하기 짝수는? 역시 짝수다. 사람의 삶은 짝을 이루는 쪽으로 귀결된다. 홀수와 홀수를 더하든 짝수와 짝수를 더하든 결과는 짝수가 된다. 사람의 삶은 합쳐서 짝을 이루는 쪽으로 결과가 나온다.

그런데 홀수 더하기 짝수를 하면 어떻게 될까? 홀수가 나온다. 사람은 짝을 이루어 뭔가를 하되 같은 부류, 즉 마음이 통하는 사람과 해야 한다. 맞지 않는 사람과 아무리 열심히 해도 결국은 홀로 남게 된다. 인간관계에 대한 문제도 수학에서 답을 찾을 수 있다.

미국에서 학업을 마친 팀원이 있었다. 나보다 먼저 입사한 그 팀원은 약간 어리숙해 보이긴 해도 능력이 있고 인맥도 상당히 좋았다. 그런데 회사 직원들은 그를 이용하려고만 했다. 귀찮은 일을 떠넘기기도 했고 책임을 전가하기도 했다. 때론 그의 인맥을 이용해 어려운 부탁을 해달라고 하기도 했다. 다시 말하면 그를 만만하게 생각한 것이다.

그 팀원은 직원들과 잘 지내보려고 무던히 애를 썼지만 그럴수록 더 힘들어졌다. 그가 생각하는 가치와 다른 직원들의 가치가 많이 달랐기 때문이다. 선의를 선의로 받아주기를 바랐지만 현실은 그렇지 않았다.

내가 보기에 연봉이나 그의 능력을 고려하면 아까운 인재였다. 베트남 출장을 갔다 오는 길에 조심스럽게 내 생각을 꺼냈다. 여기에 만족하지 말고 더 좋은 회사를 선택하는 게 어떻겠느냐고. 마음이 통하고 가치관이 유사한 사람들과 일을 하는 게 좋겠다는 말도 덧붙였다. 듣기에 따라서는 오해의 소지가 있을 수 있었지만 다행히 그는 나를 믿었다. 마침내 그는 두 배의 연봉을 받기로 하고 영국계 회사로 옮겨갔다. 좋은 후배를 데리고 일하면 나는 좋다. 가르치면서 나 또한 배우기 때문이다. 좋은 후배를 두고 싶어도 환경이 뒤따르지 못하면 소용없다. 좋은 인재는 더 나은 환경에서 일해야 한다고 생각한다. 적합한 자리에서 일해야 회사도, 인재도 발전할 수 있다.

그 후배 말고도 좋은 후배들이 많았다. 좋은 사람을 뽑아 잘 가르치고 희망을 불어넣고 싶어도 환경이 뒷받침되지 못한 경우가 있었다. 구정물에 아무리 생수를 부어도 소용없다. 생수를 구정물에 부으니 구정물이 되었다. 생수는 커피에 넣으면 한 잔의 여유로운 커피가 되고 요리할 때 쓰면 맛있는 된장찌개, 김치찌개가 된다. 어디에 붓느냐가 정말 중요하다.

회사가 좋은 환경이 될 수 없다면 당신 자신을 좋은 환경에 두도록 해야 한다. 만약 상황이 여의치 못해 신체를 좋은 환경에 둘 수 없다면 의식이라도 좋은 환경에 두어야 한다. 끊임없이 멘탈링을 해서 의식은 항상 생수의 상태를 유지해야 한다. 내가 다녔던 회사가 구정물이었다는 뜻은 아니다. 예를 든 것뿐이니 오해하지 말기 바란다.

인간은 이기적인 동물이다. 이익을 위해 언제든 배신하는 게 인간이다. 마음 맞는 사람끼리 만나야 행복해진다. 마음이 맞지 않는 사람까지 굳이 포용하려고 애쓰지 말고 그 시간에 마음 맞는 사람, 사랑하는 사람, 소중한 사람에게 잘 해주는 게 더 행복해지는 길이라고 생각한다. 나를 알아주는 친구 한 명이 그저 그런 친구 백 명보다 훨씬 값진 인생을 살게 해준다.

무조건 참으라고?

마음에 깊은 상처를 줬던 회사에 다닐 때 이런 생각을 했다. 회사를 떠나면 모든 걸 잊고 상처도 치유될 것이라고. 하지만 그것은 희망에 불과했다. 그 회사에 다닌 시간이 길수록, 즉 상처를 받고 괴로워한 시간이 길수록 치유에 필요한 시간 또한 길어진다.

회사를 떠난다 해도 마찬가지다. 상처를 줬던 사람들을 다시 만나지 않아도 마음속의 생채기는 쉽사리 아물지 않는다. 상처가 채 아물지 않았다면 새로운 사람들 속에서 다시 상처를 받을 가능성이 매우 높다. 그래서 한번 직장생활이 어긋나면 다른 직장을 가더라도 또다시 어긋날 가능성이 높아지는 것이다. 그러면 어떡해야 할까?

짧지 않은 사회생활을 하는 동안 나 또한 상사와 동료, 거래처 사람들이 준 마음의 상처로 신음했었다. 그들을 떠나 새로운 직장에 갔지만 여전히 문제가 반복되었다. 이대로 직장생활을 하다가는 문제투성이의 사람으로 남을까 싶어 너무나 두려웠다. 내가 가진 능력에 비해 보상과 평가는 부족했다. 실망과 좌절이 거듭되면서 마음이 무너졌고 그 때문에 능력을 발휘하지 못하는 악순환도 발생했다. 나는 깨달았다. 능력을 키우는 것도 중요하지만 가진 능력을 제대로 발휘하는 게 더 중요하다는 것을.

앞에서 칠면조 틈에 섞인 독수리는 떠나는 게 낫다고 말했다. 홀수 더하기 홀수는 짝수라고도 말했다. 젊은 사람들에게 여기가 아니라 생각되면 언제든 떠나라는 뜻에서 한 말은 결코 아니다. 회사가 마음에 안 들면 빨리 때려치우라고 부추기는 것도 아니다.

자신이 속한 그룹에서 최선을 다해야 한다는 것은 기본 중의 기본이다. 다만 마음의 상처를 받는 일이 벌어진다면 그 상처가 너무 깊어져 치유하기 힘들거나 시간이 많이 필요한 지경이 될 때까지 무조건 버티는 게 상책은 아니라는 뜻에서 한 말이다. 버티고 버티다 마음의 상처가 곪아 터져버리면 정말 큰일이다. 그때가 되면 다른 회사로 옮겨도 소용이 없다. 이전에 생긴 상처에 겨우 딱지만 앉았을 뿐이므로 누군가 살짝만 긁어도 너무 아프기 때문이다. 그러면 상처가 더 심해지고 영원히 지울 수 없는 흉터로 남게 된다. 그게 걱정이 되어서 하는 말이다.

많은 책에서 아파도 참아라, 힘들어도 버텨라, 그러면 반드시 좋은 날이 올 것이라고 말한다. 물론 어려움을 잘 견뎌서 좋은 날을 맞은 사람도 많다. 그러나 대부분의 사람은 좋은 날이 오기 전에 먼저 망가져 버린다. 돌이킬 수 없는 결과를 가져올지도 모른다. 그런데도 참으라, 버티라고만 말할 것인가?

망가지기 전에 그들의 손을 잡아주어야 한다. 마음에 상처를 받지 않는 법을 가르쳐주거나 상처를 받더라도 흔들리지 않고 무너지지 않는 법을 가르쳐주어야 한다. 아리스토텔레스가 말하지 않았던가. 인간은 정치적인 동물이라고. 인간은 정치 공동체에서 서로 타협하며 공존을 모색해야 하는 나약한 존재다. 그런데 타협이 되지 않는 경우도 분명히 있다. 그 속에서 해결책을 찾지 못해 힘들어하는 사람들이 있다. 무조건 '참아라, 버텨라' 하는 말은 이제 그만 하자. 그 말을 하더라도 근본적인 해답을 주면서 해야 할 것이다.

복수조차 쉽지 않다

군에 입대를 하고 신병 훈련을 마쳤을 때 일이다. 자대 배치를 받고 나면 누구나 두려움이 앞선다. 무서운 고참을 만나지는 않을까 훈련은 '빡세지' 않을까 걱정이다. 자대에 도착했고 그 부대에서 어릴 적 친구를 만났다. 나보다 4개월 먼저 들어온 고참이었다. 그 친구는 초등학교 때 나와 친했고 우리 집에 와서 밥도 여러 번 얻어먹고 갔다. 어머니는 친구 왔다며 고기반찬을 내놓기도 하셨다.

나는 반가운 마음이었지만 먼저 알은체를 하지 못했다. 가장 졸병이 나댈 수는 없었다. 그는 가끔 나에게 말을 걸기는 했지만 친구로서 대하지는 않았다. 어차피 군대니까 그런 기대는 하지 않았다. 그런데 그는 나를 친구로 대하지 않았을 뿐 아니라 여러 고참과 함께 괴롭히기 시작했다. 한 번은 내가 잘못한 일을 문제 삼아 내가 아닌 내 동기들에게 얼차려를 주기도 했다. 동기들은 이해를 해주었지만 정말 미안했다. 그 친구에게 특혜를 바라지도 않았다. 최소한 다른 이들과 동등하게만 대해주기를 바랐다. 하지만 그의 악행은 점점 더 심해졌다. 그는 자기 동기 한 명을 부추겨 나를 때리게 했다. 그가 원망스러웠고 복수하고 싶다는 마음이 들었다.

군 복무 후 2~3년이 지난 즈음에 우연히 예비군 훈련장에서 그 친구를 보게 되었다. 점심을 먹고 있는데 그 친구가 나에게 미소를 지으며 걸어가고 있었다. 그를 용서하지 않았지만 복수를 하겠다는 마음도 들지 않았다. 그렇다고 그와 다시 친구로 만나고 싶지는 않았다. 나는 계속 밥을 먹었다. 그걸로 그와 나의 인연은 끝났다.

춘추 시대, 오왕 합려는 월왕 구천에게 대패하고 심각한 부상을 입었다. 합려는 죽기 전에 아들 부차를 불러 원수를 갚아달라고 유언했다. 부차는 원수를 갚겠다는 마음을 잊지 않으려고 '섶 위에 누워' 자며 신하들에게 "부차야, 구천이 너의 아비를 죽인 원수라는 걸 잊었느냐"라고 외치게 했다. 결국 부차는 구천과의 싸움에서 크게 이기고 그의 항복을 받아냈다. 구천은 목숨은 겨우 건졌지만 갖은 수모를 겪었다. 그는 쓸개를 매달아두고 항상 '쓸개를 핥아' 쓴맛을 곱씹으며 복수를 다짐했다. 그리고 마침내 부차의 오나라를 정복하고 부차를 자살하게 한다.

원수를 갚기 위해 온갖 괴로움을 참고 견딤을 보여주는 고사로 여기에서 와신상담(臥薪嘗膽)이 유래했다. 누군가 나와 내 소중한 사람에게 해를 입혔을 때 흔히 복수를 다짐한다. 이에는 이, 눈에는 눈으로 갚겠다는 마음이다. 그러나 이게 말처럼 쉽지가 않다. 사람은 망각의 동물이다 보니 원수를 갚겠다는 마음도 시간이 지날수록 서서히 식는다. 부차와 구천이 왜 섶에서 잠을 자고 쓸개를 핥았겠는가? 복수의 마음이 잊히는 걸 막기 위해 그렇게 한 것이다. 그만큼 복수라는 게 어렵다.

회사에서 나를 힘들게 한 상사, 마음에 상처를 준 동료에게 복수하고 싶은가? 언젠가 내가 성공해서 당신들 앞에서 큰소리칠 날이 올 거라고 말하고 싶은가? 그렇다면 정말 마음을 단단히 먹어야 한다.

그렇지 않으면 복수는 물 건너간다.

회사를 그만두는 직원이 있을 때 유심히 살펴보면 공통점을 발견할 수 있다. 그 직원에게 못되게 군 상사일수록 유난히 잘해준다. 말 한마디도 살갑게 하고 앞으로 잘될 거라며 희망적인 메시지를 들려주기도 한다. 왜 그런지 아는가? 그래야 그 직원이 자기에게 복수하지 않을 테니까. 회사 떠나면 상사와 직원은 남남이 된다. 그러니 혹시나 자기에게 해코지하지 않을까 하는 마음에 잘 해주는 척하며 화해를 청하는 것이다. 젊은 직원들 보면 참 착한 것 같다는 생각도 든다. 그렇게 못되게 굴던 상사가 회사 떠날 때 조금만 잘해줘도 원망의 마음이 눈 녹듯 사라지는 모양이다.

"나 때문에 힘들었지? 미안하게 생각해. 내가 잘못한 거 있더라도 용서해주고 다 잊으면 좋겠어. 우리가 오늘만 보고 말 사이 아니잖아? 다른 회사 가도 잘되기를 바랄게."

못된 상사일수록 그런 점을 잘 이용한다. 자기 부하로 있을 때에는 철저히 괴롭혀도 마지막에만 잘해주면 된다는 걸 너무도 잘 안다. 몇 마디 말로 죗값을 다 치르려고 하는 것이다. 사실 효과도 있다. 못된 상사들은 이런 심리를 교묘하게 잘도 이용한다. 그런 상사가 정말 많다는 게 안타까운 현실이다.

못된 상사가 그렇게까지 하지 않아도 어차피 복수는 하기 힘들다. 와신상담을 할 만큼 우리는 모질지 못하다. 그만큼 증오를 오래 간직하기도 어렵다. 시간이 지날수록 증오심은 점점 사그라진다. 모든 증오는 시간이 해결해준다. 혜민 스님이 《멈추면 비로소 보이는 것들》에서 '그를 용서하세요, 나를 위해서'라고 하신 이유를 되새겨보자.

같은 업무, 다른 사람

10년 전 일이다. 나는 글로벌 마케터로 일하기 때문에 포워딩 회사, 즉 국내외 물류를 대행하는 회사와 거래가 많다. 국내에도 수많은 포워딩 회사가 있어서 경쟁이 정말 치열하다. 물류를 대행하는 일을 하는 일종의 서비스업이라고 볼 수 있으므로 고객에 대한 서비스 마인드가 중요하다. 하지만 십수 년을 이런 회사들과 일하면서도 서비스 마인드를 제대로 갖춘 직원을 만나기는 쉽지 않았다. 특히 업무를 일선에서 담당하는 여직원들이 불친절한 경우를 수도 없이 겪었다.

한 번은 급한 일이 생겨서 거래하던 포워딩 회사에 오후 6시 5분쯤 전화를 한 적이 있다. 담당 여직원을 바꿔달라고 했다. 그러자 이런 일이 벌어졌다.

전화 받은 여직원: 잠깐만 기다리세요. (조용한 목소리로) 언니, ○○회사의 안 팀장이라고 하는데요. 급한 일이라는데 바꿔드려요?

담당 여직원: (조용한 목소리로) 아니, 없다고 그래. 퇴근 시간 지나서 전화하는 똥매너는 뭐야?

전화 받은 여직원: 죄송한데요. 퇴근하고 안 계십니다.

공교롭게도 내 귀에 수화기 너머 그들의 대화가 다 들렸다.

이해는 한다. 그들의 상황을 잘 알기 때문이다. 타 업종에 비해 급여가 적은 데다 하루에도 걸려오는 수십 통의 전화, 고객의 개념 없는 불만을 처리하려니 스트레스가 얼마나 심하겠는가.

이런 상황인데도 10년이 지난 지금까지 나의 뇌리를 떠나지 않는 한 여직원이 있다. 그녀가 근무한 회사는 지금은 국내 굴지의 포워딩 회사로 성장했지만, 당시만 해도 그다지 크지는 않았다.

결론부터 말하면 그녀는 내가 만난 최고의 월급쟁이였다. 나와 일했던 1년이 넘는 동안 그녀는 단 한 번도 인상을 찌푸린 일이 없었다. 물론 전화 통화로만 일을 진행했기에 느낌일 뿐이지만, 항상 친절하고 미소 띤 얼굴이라는 것이 수화기 너머 나에게 그대로 느껴졌다. 그녀도 사람인데 1년이 넘도록 어떻게 그처럼 한결같을 수 있을까? 분명 컨디션이 좋지 않은 날도 있었을 것이고 기분 나쁜 날도 있었을 것이다. 또한 가족 중 누군가에게 안 좋은 일이 생겨서 슬픈 날도 있었을 것이다. 그런데 그녀의 말투와 태도는 언제나 나를 기분 좋게 했다. 내가 그 회사에 돈을 많이 벌어다 주는 넘버 원 고객도 아니었는데 말이다. 그렇게 나는 그녀의 팬이 돼버렸다.

그녀가 어떤 사람인지 꼭 한 번 만나보고 싶었다. 그래서 그녀의 팀장에게 부탁해 함께 식사를 하게 되었다. 내가 느낀 걸 그대로 이야기하며 그녀에게 직접 감사의 마음을 전했다. 그리고 어떻게 항상 평정심을 유지하는지 비결을 물었다.

그녀는 비결은 아니지만 책 읽는 걸 좋아한다고 수줍은 듯 말했다. 그녀는 책 읽기 마니아였다. 책을 통해 자신이 부족한 사람이라는 걸 느꼈고 항상 겸손한 태도를 유지하려고 무던히 노력한다고 말했다. 지금은 결혼하고 회사를 그만둔 걸로 안다. 하지만 팬으로서 그녀를 응원하는 내 마음은 변함이 없다.

버티거나 외면하거나

사랑의 밥과 증오의 밥

채널A 이영돈 PD가 출연하는 TV 프로그램을 본 적이 있다. 그는 실험을 한 가지 했다. 같은 밥을 두 개의 그릇에 나누어 담았다. 하나는 사랑이라 하고 다른 하나는 증오라고 정했다. 사랑이라고 정한 밥에는 '사랑해' 등의 긍정적인 말을 하고, 증오라고 정한 밥에는 '미워해' 등의 부정적인 말을 퍼부었다. 실험 한 달 후 밥에 어떤 변화가 일어났는지 보았다. 놀랍게도 '사랑'이라고 정한 밥에는 하얀 곰팡이가, '증오'라고 정한 밥에는 진한 갈색 곰팡이가 피어 있었다. 더 놀라운 것은 곰팡이 종류도 달랐다는 것이다.

이 실험은 시사하는 바가 크다. 우리가 쓰는 말은 단어의 뜻에 따라 서로 다른 파동을 가지고 있다는 것이다. 좋은 뜻으로 쓰이는 단어에는 긍정적인 에너지가, 나쁜 뜻으로 쓰이는 단어에는 부정적인 에너지가 있다. 우리 조상들이 사랑이란 단어를 아무렇게나 정해서 썼던 것은 아니었나 보다. 사랑이란 말 자체에는 분명히 상대를 행복하게 하는 긍정적인 에너지가 담겨 있다.

프로야구 선수들에게는 응원가가 있다. 선수가 타석에 들어서면 안타 하나 쳐달라고 팬들이 목이 터지라 응원가를 부른다. 유명한 팝송이나 가요를 개사하여 응원가를 만드는데 그 아이디어도 참 기발하다는 생각이 든다. 아직 이름을 알리지 못한 후보 선수들은 응원가가 없지만, 주전들은 저마다 자기 이름이 들어간 응원가가 있다. 당연히 그걸 들으면 힘이 난다. 어떤 선수들은 응원가를 두 개나 가지고 있다. 대표적 선수가 롯데자이언츠의 강민호다. 2013년 11월에 FA(자유계약선수) 대박을 친 강민호는 롯데자이언츠의 프랜차이즈 스타이기도 하다. 당연히 팬들의 사랑을 흠뻑 받으며 선수생활을 하고 있다. 그의 응원가는 '롯데의 강민호'와 '넌 내게 반했어, 강민호' 등 두 개다. 내가 좋아하는 응원가는 '두산 손시헌 오오오오'다(그는 지금은 NC 다이노스로 이적했다).

사람들이 모여 대화를 할 때는 여러 단어가 사용되는데, 어떤 단어를 쓰느냐에 따라 서로 긍정적인 에너지를 주느냐 아니면 부정적인 에너지를 주느냐로 갈린다. 서로 밝고 희망적인 단어를 쓰며 대화하면 대화를 통해 긍정적인 에너지를 주고받게 된다. 그러면 기분이 좋고 행복해진다. 가수들의 '달달한' 노래를 듣고 나면 기분이 좋아지는 것과 같은 이치다. 사람들이 모여 다른 이를 비난하거나 욕하는 말을 주고받으면 어떤 에너지가 전해질까? 당연히 어둡고 절망적인 에너지를 주고받게 되니 대화를 나누고 나도 마음이 무겁고 찜찜하다.

상사나 동료에게 계속해서 야단을 맞고 부정적인 말과 욕설을 듣는 사람은 어떻게 변할까? 이영돈 PD의 실험 결과처럼 그 사람에게선 진한 갈색의 독한 곰팡이가 필 것이다. 그 독한 곰팡이는 결국 사람의 마음에 자리 잡아 매사 짜증과 불안, 울분을 유발할 것이다. 그래서 직장인들에게 근무 환경이 매우 중요하다. 어떤 사람들과 함께 일을 하느냐가 서로에게 플러스가 되기도 하고 마이너스가 되기도 한다.

리더들은 동료 후배들에게 항상 긍정적이고 희망적인 말을 해야 한다. 후배들에게 용기를 불어넣어 주어야 한다. 이때 필요한 것이 멘탈링이다. 리더 자신이 평정심을 유지하고 있어야 후배들에게 긍정적인 에너지를 나누어줄 여유가 생긴다.

부정적이고 절망적인 말로 후배들을 질책하지 마라. 그들의 마음에 핀 곰팡이는 결국 리더 자신에게 전염되어 곰팡이를 피게 한다. 회사가 잘되도록 하기 위해서가 아니다. 바로 우리 모두 잘살기 위해서다.

외로움의 해법

유럽에서 개최된 한 전시회에 참가한 적이 있다. 주최 측의 초대로 스탠딩 파티에 참석하게 되었다. 무한리필이 되는 각종 술을 마시며 사람들은 얘기를 나누고 공연을 보고 춤을 췄다. 싸이의 〈강남스타일〉이 한창 인기를 끌던 때라 여지없이 그 노래가 울려 퍼졌다. 많은 유럽 사람들이 말춤을 추며 즐거워했고, 한국 사람들이 무대 중앙을 휩쓸었다. 처음 보는 사람들과 격의 없이 대화를 나누는 모습을 상상하면 된다. 그런데 이렇게 왁자지껄한 파티에서 웃고 즐기고 마시면 외로움이란 게 느껴지지 않을까?

본능적으로 혼자 있는 걸 잘 못 견디는 사람들이 있다. 사람들 틈에 끼어 있어야 안심이 되고 살아 있다고 느낀다. 외로움을 많이 타는 사람일수록 사람들 틈에 끼어 있기를 원한다. 그러면 덜 외로울 거라 생각하기 때문이다. 그런데 직장에서, 학교에서, 아니면 사람들이 많이 모여 있는 어떤 곳에서도 외롭고 공허한 마음이 드는 건 왜일까? 외롭다는 느낌이 주변에 부대끼는 사람이 없어서인 건 아니기 때문이다.

회사에서 열심히 일하다가 문득 외롭다는 생각이 들 때가 있다. 친한 동료가 있지만 내 마음을 다 알아주지는 못한다. 마음 한구석이 뻥 뚫린 것처럼 외롭다. 아무리 동료가 많아도 나 혼자라는 느낌을 지울 수 없다. 그러면 퇴근 후에 동료나 친구들을 모아 술을 마신다. 쓸모없는 이야기, 예컨대 남자들이라면 여자 이야기 같은 시시껄

렁한 잡담만 나눈다. 그렇게 하면 외로움이 덜해지는가? 절대 그렇지 않을 것이다. 웃고는 있지만 외롭긴 마찬가지다.

사람들 틈에 끼어 위안을 얻으려 하지 마라. 외롭다는 건 사람이 없어서가 아니라 마음이 비어 있기 때문이다. 직장에서 상처를 주는 사람이 있는 경우라면 더욱 그렇다.

"방어는 최상의 공격이다. 공격은 화려하기는 하지만 전쟁을 승리로 이끄는 것은 방어다." 유명한 군사 이론가 클라우제비츠의 말이다. 방어 자체가 강력한 힘을 발휘하는 이유는 기습공격이 먹히지 않기 때문이다. 즉, 방어체제를 갖춘 사람을 공격하려면 기습공격이 아니라 정면 승부밖에 없다. 그러면 공격한 쪽도 치명적인 상처를 입게 되어 있다.

혼자 있는 게 두렵다고 하더라도 남에게 상처 주는 게 취미인 사람이 포함된 그룹에 껴선 안 된다. 그 사람은 어김없이 기습공격을 감행할 것이다. 그런 틈을 주지 않으려면 그런 사람이 있는 그룹에 끼지 않고 차라리 혼자 있는 게 낫다. 직장인이라면 점심시간에 그런 그룹과 밥을 먹는 것보다 다른 그룹과 어울리거나 아니면 차라리 혼자 먹어라. 여자들은 특히 혼자 밥 먹는 걸 두려워하는데, 여럿이서 밥 먹다가 또 마음에 상처를 입는 것보다 혼자 밥 먹는 두려움이 더 참기 쉬울 것이다.

고독 속에 큰 불안과 외로움을 느껴 사람들을 만나러 다니면 사유할 시간이 부족하다. 혼자 있는 시간을 고독하다고 생각하지 마라.

오히려 사유할 시간이 많아 행복하다고 생각하라. 혼자 있는 시간을 즐겨라. 혼자 사색하는 시간을 가져라. 스스로 강해지면 외롭지 않다. 내 정신이 풍족하고 따뜻한데 굳이 다른 사람들 틈에 끼고자 애쓸 까닭이 뭔가.

버티기의 성공 비결

어떤 분이 나에게 다음과 같은 이야기를 해주었다. 대기업 계열사 사장으로 근무하다 정년퇴직 후 중소기업 CEO로 자리를 옮긴 분이다.

그는 40년 전 국내의 한 대기업에 취직했다. 지방 대학을 나왔고 체격도 왜소해 회사 내에서 주목을 받지 못했다. 능력이 뛰어난 동기나 후배들이 승진하고 인정받는 동안 자신은 언제나 뒷전이었다. 기획과 같은 요직에서 근무하는 건 꿈도 꾸지 못했다. 제품을 팔러 다니는 영업부에서 일했지만 성과도 뛰어나지 않았다. 그런데 주변의 그 잘나가던 선배나 동기, 후배들이 하나씩 회사를 떠났다. 더 좋은 대우를 약속받고 다른 회사로 스카우트되어 간 것이다. 영업 실적이 뛰어난 한 동기는 자기 사업체를 차려 많은 돈을 번다는 소문도 들렸다. 하지만 별로 눈에 띄지 않는 그에게 스카우트를 제안하는 회사는 하나도 없었다.

점점 주변에 있던 능력자들이 사라지자 회사에는 마땅히 승진을 시켜 일을 맡길 만한 사람이 없었다. 그러자 그에게 기회가 왔다. 과장, 부장을 거쳐 영업이사 자리에 올랐다. 그리고 계열사 사장까지 맡게 되었다. 자신의 능력은 뛰어나지 않았다. 주변의 능력 있는 경쟁자들이 떠나는 바람에 오래 버틴 그에게 기회가 온 것이다.

당신의 능력이 독수리가 될 정도는 아니라고 판단되면 오래 진득하게 버티는 것도 기회를 붙잡는 방법일 수 있다. 사실 그와 같은 사람이 되라고 부추기고 싶지는 않다. 다만, 참고로 그가 알려준 그만의 성공 비결을 정리해보았다.

1. 책임질 일은 하지 않는다. 책임질 일이 있으면 다른 사람에게 떠넘기거나 물귀신처럼 물고 늘어져 책임을 나눈다.
2. 회사에 절대 아쉬운 소리를 하지 않는다. 연봉 올려달라, 승진시켜달라 같은 요구를 절대 하지 않는다.
3. 부하직원이 이뤄낸 성과나 좋은 아이디어는 마치 내가 지시한 것처럼 상사에게 먼저 보고한다. 부하직원이 좋은 기획안을 준비하고 있으면 마치 자기가 지시해서 하는 것처럼 사전에 구두보고라도 해둔다.
4. 길고 가늘게 사는 걸 인생의 최대 목표로 삼는다.

그가 말한 성공 비결을 보면 참 비굴하게 사는구나 하는 생각이 들 것이다. 만약 당신이 그런 생각을 했다면 한 회사에서 임원 이상 승진하기 어려울 것 같다. 한 회사에서 10년 이상 다니다 보면 별의별 일이 다 있다. 무수한 위기도 도사리고 있다. 이걸 잘 헤쳐나가지 못하면 임원 이상 승진해서 사장 자리에 앉는 건 정말 어렵다. 즉, 그가 말한 성공 비결이 또 다른 능력이고 처세술이라는 얘기다. 아무나 그렇게 하지 못한다. 그러니 독수리가 될 능력이 없다면 그분의 성공 비결을 잘 참고하기 바란다.

여기서 한 가지 전제 조건이 있다. 멘탈링을 생활화하여 어떠한 상황에서도 마음이 무너지지 않고 평정심을 유지해야 한다는 것이다. 한 직장에서 10년 이상 버티는 것, 생각보다 쉽지 않다. 예상치 못한 돌발 변수가 워낙 많이 일어나기 때문이다. 버티겠다고 마음먹었다면 반드시 멘탈링을 하라.

멍 때리기 신공

상사에게 심하게 야단을 맞을 때 마음의 상처를 덜 받는 좋은 방법을 하나 알려주겠다.

아침에 출근했더니 부장이 부른다. 전날 올린 보고서를 가지고 트집을 잡는다. 이딴 걸 보고서라고 올렸느냐, 회사생활이 몇 년짼데 아직도 그 모양이냐, 도대체 네가 말하고자 하는 핵심이 뭐냐, 이렇게 하려면 때려치워라 등등 온 사무실이 떠나가라 잔소리를 해댄다. 중간중간 욕설도 섞인다.

'아, 아침부터 기분 더럽네. 이 인간은 왜 나만 갖고 이러는지 몰라.' 이런 생각이 들 것이다. 정도가 심할 경우에는 듣는 당신도 혈압이 올라가며 폭발 직전에 이를 것이다. '그래, 너 잘났다. 내 더러워서 회사 못 다니겠다. 잘난 부장 너 혼자 다 해먹어라.' 이런 말이 목구

멍까지 올라온다면 반드시 이 방법을 쓰라. 이름하여 '멍 때리기 신공'이다.

눈의 초점을 뒤로 뺀다. 부장이 아닌 왼쪽 45도쯤 아래에 시선을 고정한다. 그리고 머릿속 생각 스위치를 끈다. 그러면 뇌에서는 아무 생각이 들지 않는다. 그렇게 아무 생각 없이 멍 때리는 것이다. 잔소리가 끝날 때까지 스위치를 꺼놓는다. 시간이 조금 지나면 부장이 이런 말을 할 것이다. "무슨 말인지 알겠어? 앞으로 똑바로 해, 알았지?"

거의 끝났다는 말이다. 그러면 살며시 생각 스위치를 켜며 대답한다. "네, 알겠습니다. 앞으로 이런 일 없도록 하겠습니다."

그러면 끝이다. 마음에 상처를 받지도 않고 감정이 격해져 문제를 일으키는 일도 막을 수 있다.

가끔 멍 때리는 것도 나쁘지 않다. 해결되지 않을 고민을 너무 힘들게 짊어지고 갈 필요가 없다. 맞서 싸워봤자 아무 소용 없는 일에 굳이 감정적으로 대립해서도 안 된다. 그럴 때에는 생각 스위치를 꺼버리고 눈만 껌뻑거리면 된다. 지혜의 왕으로 일컬어지는 솔로몬도 이렇게 말하지 않았는가. "이 또한 지나가리라."

키우는 강아지를 발로 차지 마라

10년 전과 지금의 나는 다른 사람이다

대학 다닐 때 나를 따르는 여자 후배가 하나도 없었다. 마음에 드는 여자 후배도 없었지만 여자 후배들과 친하게 지내거나 연애를 하고 싶지가 않았다. 나에게는 목표가 있었고, 내가 해야 할 일이 있었기 때문이다. 항상 도서관에서 내 공부에 열중했다. 즉, 나는 내 일에 최선을 다하고 있었다.

다른 친구들이 여자 후배들과 격의 없이 친하게 지내는 모습을 보며 가끔 부럽기도 했다. 나를 따르는 여자 후배가 왜 하나도 없을까 하는 궁금증이 생겼다.

졸업을 얼마 남겨두지 않았을 때 학교 축제에 가게 되었다. 술자리에서 같은 과 여자 후배 한 명과 합석했다. 그때 후배로부터 이런 말을 들었다. "여자 후배들이 선배를 무서워해요. 도서관에 있을 때나 걸어갈 때나 항상 화가 난 사람 같아요. 그러니 쉽게 말을 걸 수가 없었어요."

여자 후배들에게 관심도 없었지만 막상 그런 말을 들으니 기분이 씁쓸했다. '나에게 문제가 있구나'라는 걸 느꼈기 때문이다. 내 얼굴을 보면 눈썹이 V 자 모양으로 양 끝이 올라가 있다. 그러니 말 안 하고 가만히 있으면 화난 줄 안다. 나를 잘 아는 사람들은 이해하지만 오해를 받을 때도 가끔 있다. 표정 관리 하라는 말도 가끔 듣는다. 그렇지만 어떻게 계속 웃고만 있겠는가? 정신이 이상한 사람도 아닌데 말이다.

따지고 보면 내 얼굴이 화난 인상이어서 그런 오해를 받는 것만은 아닌 것 같다. 성격 급한 부산 태생인 데다 외향적인 O형인 나는 10여 년 전까지만 해도 무척 다혈질이었다. 쉽게 화를 내고 짜증을 부렸다. 누가 나와 부딪히는 것도 기분 나빴고 운전하다 시비도 자주 붙었다. 택시 기사와 시비가 붙어 도로에서 멱살잡이를 한 적도 있고, 다른 운전자와 몸싸움을 벌인 적도 여러 번 있었다. 멘탈링을 하기 전에는 그랬다. 이제는 달라졌다. 10년 전과 지금의 나는 다른 사람이다. 그리고 10년 후의 나는 지금과도 다른 사람이 되어 있을 것이다. 멘탈링은 성격도 변화시킨다. 성격을 바꾸고 싶다면 반드시 멘탈링을 해보기를 권한다.

가화만사성을 기억하자

결혼한 지 17년째다. 다른 건 몰라도 아내에게 한 가지 정말 감사한 게 있다. 항상 아침을 차려준다는 거다. 아이 둘 낳을 때 병원에 있었던 시간을 제외하고 한 번도 아침 차리는 것을 거른 적이 없다. 해외 출장을 가기 위해 이른 아침 비행기를 타야 하는 날에도 새벽 네 시에 일어나서 아침을 준비한다. 입맛이 없어 밥이 안 넘어간다고 하면 다른 음식으로 대체해서라도 아침을 먹인다. 아이들도 덩달아 아침을 먹는 게 습관이 되었다.

아내 자랑은 팔불출이라고 하지만 나는 당당하게 자랑한다. 남편이 출근하든 말든 늦잠 자는 아내 이야기는 심심찮게 들어봤다. 그러니 남편으로서 이보다 더한 호사가 어디 있을까?

아침부터 부장이 저기압이다. 온갖 인상을 쓰고 있다. 언제 터질지 몰라 부하직원들은 부장 눈치 보느라 바쁘다. 끼리끼리 모여 한마디씩 한다.

"부장님 아침에 사모님이랑 한바탕 했나? 왜 저리 저기압이야?"

"그러게, 요즘 거의 매일 저래."

그런 짐작은 십중팔구 맞아떨어진다. 부장은 아침부터 별것도 아닌 걸 가지고 아내가 잔소리를 하니 기분이 좋지 않았다. "왜 맨날 잔소리야?" 한마디 하자 아내의 고함 폭탄이 돌아온다. 그렇게 큰소리가 오간 뒤 현관문을 쾅 닫고 나온 부장은 출근길 발걸음이 무겁다.

기분이 가라앉아 있으니 종일 일도 잘 안 된다. 괜히 상무에게 말 한마디 잘못 했다가 욕만 잔뜩 듣는다. 이래저래 꼬이는 하루다.

어찌 보면 부부싸움은 당연한지도 모르겠다. 서른 살에 결혼한다 치면 30년 동안 전혀 다른 삶을 살던 남녀가 만나 함께 사는 것이다. 사소한 다툼부터 큰 싸움까지 다양하다. 그러다 언제 그랬냐는 듯이 다시 시시덕거리며 좋아 죽는다.

전에 살던 집 아래층에 세 살짜리 아들을 키우는 젊은 부부가 살았다. 그런데 자주 싸웠다. 얼마나 심하게 싸웠으면 우리 집에도 다 들릴 정도였으랴. 물건을 부수는 건 말할 것도 없고 복도까지 나와서 싸웠다. 가끔 경찰이 오기도 했다. 그러니 동네 사람들도 그 부부와 가깝게 지내려 하지 않았다. 나는 부부보다 아이가 더 걱정이었다. 엄마 아빠가 심하게 싸워대니 그 모습을 본 아이는 얼마나 불안하고 무서울까? 아마 하늘이 곧 무너지기라도 할 것 같은 기분으로 싸움을 지켜볼 것이다. 아이가 커서, 설령 엄마 아빠가 싸운 기억은 못 한다 하더라도 마음의 상처는 무의식중에 남아 있을 것이다. 그게 안 좋은 영향을 미칠 수 있다고 생각한다.

부부가 적절한 선을 지키며 싸우는 것은 서로의 다름을 인정하는 기회로 만들 수 있다. 하지만 그 선을 넘어서면 상처를 남기고 돌이킬 수 없는 결과를 낳게 된다. 부부싸움이 잦아지면 사회생활에도 큰 영향을 미친다. 안 좋은 기분으로 출근해서 어떻게 동료들과 긍정적인 대화를 나눌 수 있겠는가?

부부싸움은 칼로 물 베기라고 하지만 싸움의 당사자들은 이혼까지 생각할 만큼 심각하다. 폭력은 물론이고 기물 파손, 방화, 심지어 살인까지 일어나는 등 그 실태는 갈수록 심해지고 있다. 서로 사랑해서 결혼했지만 부부싸움을 할 때는 남보다 더 못하고 그보다 더한 '웬수'가 없다.

부부싸움을 하다 순간적으로 평정심을 잃어 돌이킬 수 없는 일을 저지르거나 범죄자가 되기도 한다. 부산의 한 부부는 새벽에 부부싸움을 하다 홧김에 벽돌을 던져 지나가던 고급 승용차의 유리를 파손했다. 청주의 한 남자는 부부싸움을 하다 홧김에 집에 휘발유를 붓고 불을 질러 입건되었다. 또 대구의 한 페인트 가게에서 폭발 사고가 나 근처를 순찰 중이던 경찰관 두 명이 그 자리에서 숨지는 일도 있었다. 목격자는 당시 여자와 남자가 싸우는 모습이 보였고 그러다 다 같이 죽자는 말과 함께 순식간에 불이 붙으며 폭발했다고 진술했다.

부부가 서로 노력해야겠지만 어느 한쪽이라도 평정심을 유지할 수 있어야 더 큰 불상사가 일어나지 않는다. 가정이 편해야 모든 일이 잘 된다는 옛말이 전혀 틀리지 않다. 부모의 싸움은 아이들을 불안하게 하며, 자식 부부가 자주 싸우는 모습은 늙은 부모의 가슴에 못을 박는다.

직장과 사회에서의 성공도 중요하지만 가정과 내 가족이 최우선 순위가 되어야 하고 존중되어야 한다. 밖에서 쌓인 스트레스를 집에서 푸는 것은 성공에 결코 도움이 되지 않는 어리석은 일이다.

자신을 소중히 여겨라

어릴 때 살던 동네에 조그만 슈퍼가 하나 있었다. 100원짜리 하나 들고 가 과자를 사 먹곤 했다. 그 가게 주인은 얼룩무늬의 잡종 개를 한 마리 키우고 있었다. 가게 앞을 지나갈 때면 주인아저씨가 작대기로 개를 때리거나 발로 차는 모습을 봤다.

어린 내가 보기에는 참 귀여운 강아지인데 왜 때리는지 이해가 가질 않았다. 과자를 사러 가면 강아지는 꼬리가 빠지라 흔들어대며 내 다리에 올라탔다. 머리를 쓰다듬어주면 내 얼굴을 핥아주었다.

하루는 가게에 들어가던 어떤 아저씨가 그 개를 발로 차는 것이었다. 세게 찬 건 아니었지만 귀찮다는 듯이 발길질을 했다. 그래도 강아지는 꼬리를 쳤다. 가게 손님들이 강아지를 발로 차는 모습을 자주 보았다. 그래도 주인아저씨는 손님들에게 아무 말도 하지 않았다. 어느 날 강아지가 보이지 않아 주인아저씨에게 물었다. 개장수에게 팔았단다.

내가 키우는 강아지를 발로 차지 마라. 내가 차는 걸로 끝나는 것이 아니라 다른 사람도 찬다. 옆집 사람도 차고 윗집 사람도 찬다. 내 아이를 사람들 보는 데서 때리거나 야단치지 마라. 내 아이를 소중하게 여겨라. 그래야 남들도 내 아이를 귀하게 여긴다. 나 자신을 스스로 발로 차지 마라. 스스로를 괴롭히고 욕하고 학대하지 마라. 다른 사람도 나를 찰 수 있다.

고 구본형 작가는《세월이 젊음에게》에서 '삶은 죽음을 먹는 것'이라고 표현했다. 어제까지 살아 있던 생선과 소의 죽음을 먹으며 우리는 생명을 이어가기 때문에 하루하루 죽음을 먹는 것이라고 설명한 것이다.

우리는 매일 짧아지는 수명을 딛고 하루하루를 살아간다. 나는 내 생명의 일부에 빚지고 삶을 이어간다. 내 생명에 미안하다. 그렇게 얻은 삶이라서 헛되이 보내고 싶지 않다.

이 세상에서 가장 강한 게 뭔지 아는가? 바로 죽음이다. 어떤 생명체도 이 죽음 앞에서는 무릎을 꿇게 된다. 이렇게 강한 죽음과 계속 싸우고 있다는 것만으로도 우리는 결코 약한 존재가 아니다. 지금 내쉬는 숨이 마지막이 아니라는 것을 믿으며 죽음에 맞서 끈질기게 싸운다. 언젠가는 반드시 지게 되어 있는 싸움이다. 그러나 포기하지 않고 끝까지 싸우고 있다.

용감하게 맞서 싸우다 전사할지언정 호흡을 이어가라. 죽음에게 소리쳐라. 나는 너보다 강하다고. 죽음에게 최대한 생채기를 남겨라. 죽음이 당신을 확실하게 기억할 수 있도록 싸우고 또 싸워라. 그놈 참 끈질겼다라는 생각이 들 만큼 죽음에게 확실한 기억을 심어주어라.

우리는 죽음에 맞서 싸우고 있는 강하고 소중한 존재들이다. 누구도 우리를 무시하거나 상처를 주거나 괴롭히게 두어서는 안 된다. 자신을 소중히 여겨라. 스스로를 강하게 만들어라. 외부의 충격으로 스스로가 무너지게, 흔들리게 내버려두지 마라.

3장

스펙보다 중요한 것은 평정심이다

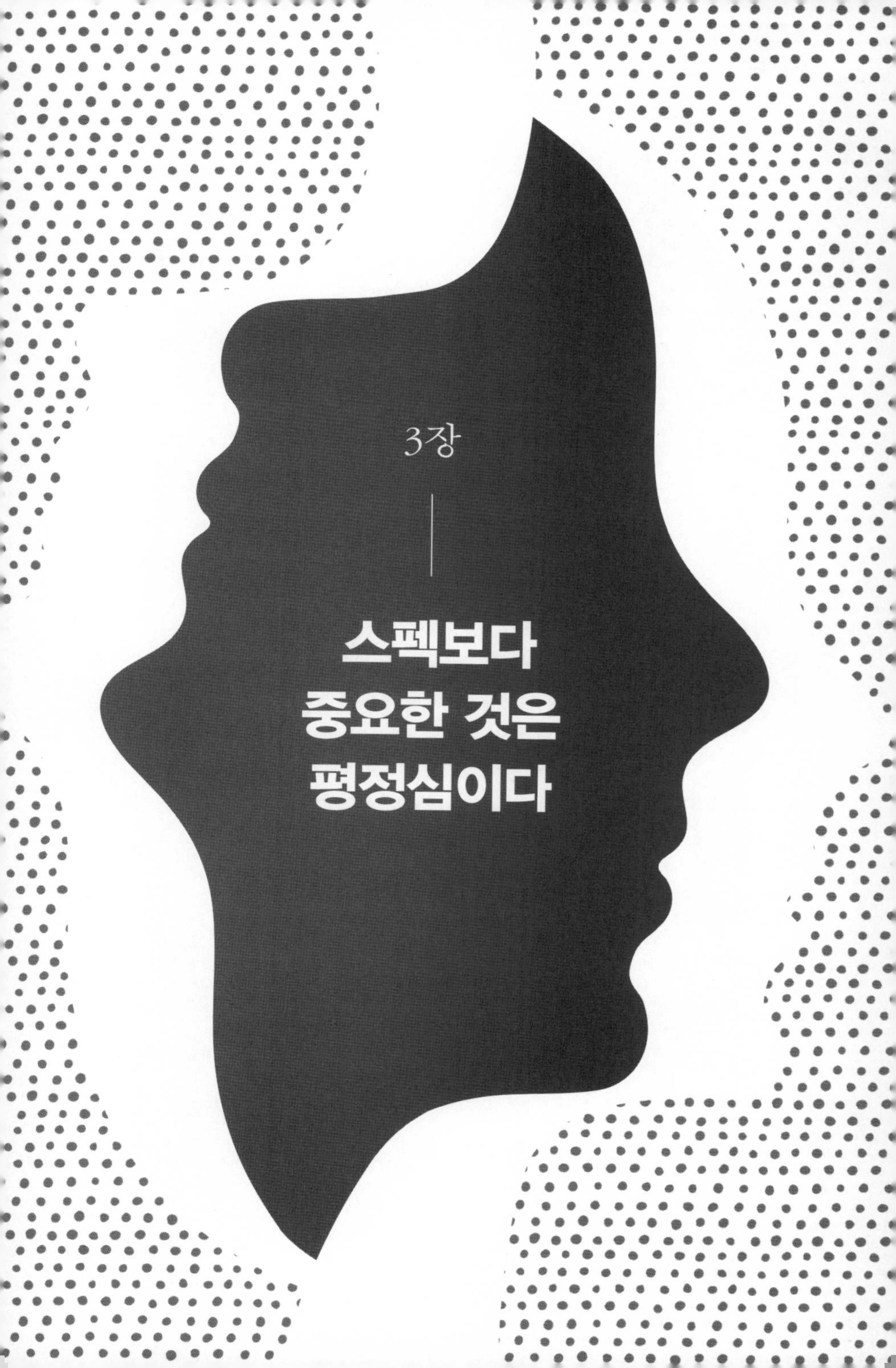

인생의 고비에서 손을 잡아준 것

마음의 병원, 도서관

앞서 이야기했듯이 나는 힘겨운 투병생활을 했고, 사업과 직장생활도 순탄치 않아 여러 고비를 맞았다. 그때마다 극한의 정신적 스트레스와 언제 끝날지 모르는 고통을 겪었는데 그걸 나는 어떻게 이겨냈을까?

병원에서 물 한 모금, 밥 한 숟가락 넘기지 못하고 온몸에 꽂힌 주사에 생명을 의지하고 있을 때였다. 어머니가 책이라도 읽어보라며 몇 권을 사다 주셨다. 몸이 아픈데 무슨 책을 읽느냐며 내팽개쳤다. 책을 줍는 어머니 모습에 죄송한 마음이 들었다. 하나밖에 없는 아들 병 수발을 하느라 지칠 대로 지친 어머니를 보니 읽는 모습이라도 보여드려야 할 것 같았다. 억지로 읽는 척이라도 했다. 약물에 의해서인지는 몰라도 항상 정신이 붕 떠 있는 느낌이었다. 그래도 글자를 하나씩 읽어나갔다. 머리에 잘 들어오지는 않았지만 그냥 읽었다. 종일 책만 읽었다. 사실 다른 건 할 게 없었으니 그거라도 해야 할 것 같았다. 아니면 내가 산 건지 죽은 건지도 알 수 없었기 때문이다.

책 내용이 조금씩 머리에 들어오기 시작했다. 책 재미를 느끼고 있었다. 특히 책에서 나는 냄새가 정말 좋았다. 당시 내게 책 내음은 어떤 향수보다 신선하고 달콤했다.

몸 상태는 한 달 만에 겨우 물과 소량의 음식을 먹을 수 있을 정도로 돌아왔다. 안심할 상황은 아니었지만 그래도 버텨냈다. 육체적인 고통뿐 아니라 정신적인 고통도 이겨낸 것이다.

젊은 시절 사업에 실패했을 때 사무실 근처를 한두 시간씩 정처 없이 걷곤 했다. 하루는 우연히 도서대여점이 눈에 띄었다. '그렇지, 난 어릴 때부터 책을 무척 좋아했는데' 하는 생각이 문득 들었다. 책 내음이라도 맡으면 위안이 될 것 같았다. 내 모습이 이상했는지 도서대여점 아주머니가 "찾는 책 있어요?"라고 물었다. 책만 뒤적거리지 말고 안 빌릴 거면 빨리 나가달라는 말로 들렸다. 없는 돈을 털어 200원에 책 한 권을 빌렸다. 소설책이었다. 주인공이 나처럼 무역일을 하다 거부가 되어 세상을 휘젓고 다니는 이야기였다.

사무실에 앉아 읽기 시작했다. 나와는 반대로 주인공은 승승장구했다. 부럽기도 하면서 감정 이입이 되어 내가 마치 주인공인 양 느껴졌다. 약간 허황된 이야기였지만 그래도 기분이 좋아졌다. 한 권을 다 읽고 나니 축 처졌던 마음이 약간 풀렸다. 다음 날부터 도서대여점에 출근 도장을 찍다시피 했다. 돈이 많지 않아 하루에 한 권만 빌렸다. 아침에 책을 빌리면 그날 다 읽었다. 소설책만 보다 보니 다른 책도 읽고 싶어졌다. 그래서 성공한 사람들의 이야기가 쓰인 책들을 읽게 되었다. 3개월 동안 책만 읽었다. 소설을 포함해서 100권 넘게 읽은 것 같다. 좌절감에 뒤틀렸던 몸과 마음이 차츰 안정되었고 예전 모습으로 돌아왔다. 그리고 취직에 성공하게 되었다.

회사의 거짓 약속에 속아 열정을 잃어버렸을 때 내가 선택할 수 있는 옵션은 두 가지였다. 하나는 회사를 옮기는 것인데, 그건 시간이 필요했다. 지켜야 할 가정이 있기에 기분 나쁘다고 덜렁 회사를 그만둘 수는 없는 노릇이었다. 그래서 다른 옵션을 선택했다. 그건 바로 내가 바뀌는 것이었다.

심각한 정신적 고통을 타개할 방법을 고민하던 차 문득 이런 생각이 들었다. '그렇지! 나는 책을 좋아하는 사람이다. 예전에도 힘들 때마다 책을 읽으며 버텼지.'

책을 읽기로 했다. 어떤 책을 어떻게 읽을지에 대한 생각은 없었다. 무조건 서점에 갔다. 선뜻 손이 가는 책이 없었다. 첫 책이 중요했다. 첫 책에서 재미를 못 찾으면 내 계획이 물거품이 될 것 같았다. 서점을 포기하고 도서관을 찾았다. 돈 주고 사는 게 아니니 부담 없이 아무 책이나 집었다. 소설책 한 권, 재테크책 한 권, 그리고 경제경영서 한 권이었다. 도서관에 앉아 책을 훑어보았다. 읽어볼 만하다는 생각에 한 장씩 넘겼다. 읽다 보니 소설은 금세 읽어버렸다. 세 권을 모두 대출하여 집에 가지고 와서 계속 읽어나갔다. 머릿속이 심한 스트레스와 마음의 상처로 복잡한 데다 책 내용을 집어넣으니 뇌 속에서 충돌이 일어났다. 누군가 이기겠지 싶어 계속 싸움을 붙였다.

그렇게 일주일 동안 계속해서 읽었다. 다시 주말이 되어 도서관을 찾았다. 마찬가지로 소설책, 재테크책, 경제경영서를 빌렸다. 그런 식으로 한 달이 흘렀다. 예닐곱 권을 읽는 동안 뇌 속에서 일어난 전쟁은 책이 조금 더 우세한 듯 보였다. 역시 내 생각이 맞았다. 책으로 스트레스를 조금이라도 줄일 수 있다는 것, 그걸 알게 되었다. 머리와 마음은 엉망이었지만 저자들의 오랜 내공이 담긴 책의 내용이 복잡한 생각을 조금씩 밀어낸 것이다. '옳거니!' 이제부터 진정 책으로 스트레스를 풀어보자고 마음을 단단히 먹었다.

내가 다녔던 송파도서관은 일주일에 세 권밖에 대출이 되지 않았다. 그래서 가족 이름으로 대출 카드를 추가로 발급받았다. 그리고 읽고 싶은 책을 여러 권 대출했다. 읽다가 마음에 안 들면 팽개치고 다른 책을 집었다. 잘 읽히는 책 위주로 일주일에 두세 권을 읽어나갔다.

나는 책 읽는 속도가 매우 느리다. 다른 사람이 하루에 읽을 책을 나는 이틀 이상 걸린다. 생각이 많고 이해가 느리기 때문이다. 일주일에 두세 권을 읽으려면 남들보다 훨씬 많은 시간을 들여야 한다. 그러니 시간 날 때마다 열심히 읽는 수밖에 없다. 출퇴근 시간은 말할 것도 없고 점심시간과 외근 나가서 이동하는 시간, 퇴근 후, 화장실 갔을 때 할 것 없이 늘 읽었다. 그래야 겨우 일주일에 두세 권을 읽을 수 있었다.

한 권을 다 읽고 그다음 책으로 넘어가는 식이 아니라 여러 권을 번갈아 읽었다. 출퇴근용, 퇴근 후용, 화장실용으로 나누어 읽었다. 그러니 신기한 일이 일어났다. 한 권을 마치고 그다음 책으로 넘어가는 것보다 번갈아 읽으니 더 많은 책을 읽을 수 있었다. 또한 서로 다른 장르의 책인데 희한하게도 내용에서 연관성이 발견됐다.

메디치 효과란 말이 있다. 서로 다른 분야가 교류, 융합하여 새로운 걸 창조한다는 것이다. 서로 다른 분야의 책을 번갈아 읽으니 오히려 이해가 더 잘 되고 새로운 아이디어가 많이 떠올랐다. '아, 이런 것도 있구나' 싶었다.

책을 읽는 일은 도를 닦는 것

그런 식으로 몇 개월이 지났다. 궁합이 맞는 책을 만나면 짜릿한 희열을 느꼈다. 그 무엇과도 바꿀 수 없는, 오르가슴 같은 것이었다. 사랑에 빠지면 보고 있어도 보고 싶다고 하지 않는가. 읽고 있어도 읽고 싶어졌다. 가슴이 두근거리고 책장을 넘기는 손끝이 떨렸다.

조선 후기 실학자 이덕무가 "근심 걱정으로 마음이 괴로울 때 책을 읽으면 눈과 마음이 책에 집중되면서 천만 가지 근심이 모두 사라진다"고 말했듯이 책 읽기에 빠진 나는 점점 스트레스에 강해졌다. 사람들의 이상한 행동들에 쉽게 상처받던 마음이 탄탄해지고 있음을 느꼈다. 눈빛 또한 달라지면서 변화가 일어났다.

사람은 무언가에 재미를 느끼면 다른 사람들에게 말하고 싶어 안달이 난다. 나 또한 그랬다. 주변 사람들에게 읽은 책을 소개하기 시작했다. 소개라고 하기에는 거창하지만 내가 읽은 책의 내용 중 괜찮은 문구나 줄거리를 들려주었다. 사람들이 관심을 가지는 모습을 보니 신이 났다. 심지어 회사 내에서 나에게 상처를 주었던 사람들과 대화하면서도 스트레스를 받는 게 아니라 책에서 읽은 내용을 말해주었다. 그들은 어쩌면 〈개그콘서트〉의 박지선이 말하는 것처럼 "뭔 또라이 같은 소리야?" 싶었을지도 모른다. 하지만 나는 개의치 않았다. 책에서 어떤 이야기를 읽으면 '이번에 A 이사에게 이 말을 해주면 좋겠군' 하는 생각이 들었다. 사람마다 해주고 싶은 말이 있을 때 책 내용을 빗대어 하게 되었다.

읽은 책이 많아질수록 내용이 잘 기억나질 않았다. 도서관에서 빌린 책들이 대부분이어서 다시 찾아보기도 여의치 않았다. 그래서 생각해낸 방법이 읽은 책에서 마음에 드는 문구나 이야기를 옮겨 적는 것이었다. 손으로 쓰는 것보다 컴퓨터를 이용하는 게 시간이 적게 걸리고 정리가 쉬웠다.

책을 읽을 때 괜찮은 문구나 이야기를 찾으면 페이지 한쪽을 접었다. 내 책이 아니라서 가능한 한 조금만 접었다. 처음에는 접을 만한 내용이 많지 않았다. 어찌 보면 저자의 생각을 잘 이해하지 못했거나 책에 집중하지 못했기 때문일 것이다. 읽은 책이 쌓여갈수록 접는 페이지 또한 늘어났다. 그리고 접는 페이지 수가 많은 책일수록 많은 감명을 주었다.

책의 내용을 전부 옮긴 건 아니었지만 컴퓨터에 옮기는 작업은 새로운 경험을 하게 해주었다. 읽은 책을 한 번 더 읽게 하는 효과가 있었다. 가끔 '내가 이 페이지를 왜 접어놓았을까?' 하는 의구심이 들 때도 있었다. 읽을 때는 분명 접을 만한 이유가 있었을 텐데 옮겨 적다 보니 왜 그랬는지 잘 모르겠는 것이다. 그러면 다시 유심히 책 내용을 살피게 되고 많은 이유를 떠올리게 되었다.

특히, 책을 옮겨 적는 작업은 나에게 마음의 평화를 가져다주었다. 한 글자 한 글자 옮기다 보면 마음이 차분해지고 스트레스가 잊혔다. 즉, 평정심을 유지하는 데 정말 좋았다.

지금도 그런 작업을 계속하고 있다. 나는 이 일을 '도를 닦는 것'이라고 생각한다. 평정심을 유지하기 위해 수련하는 것, 그래서 새로운 깨우침을 찾게 되는 과정이라고 보기 때문이다.

이 책의 제목은 '멘탈링'이다. 멘탈이란 정신적인 상태를 뜻한다. 멘탈이 강하다는 건 외부의 영향을 최소화하여 스스로 원하는 정신적 상태를 유지하는 것을 말한다. 멘탈링이란 내공을 쌓아 어떤 흔들림 없이 평정심을 유지할 수 있도록 도를 닦는 것 같은 과정을 의미한다. 그래서 자칫 평정심이 무너져 범할지 모르는 큰 실수를 미리 방지하여 인생을 가치 있고 열정적으로 살아갈 수 있도록 돕는 것이다.

앞의 사례들과 같이 마음이 무너져 잘못된 선택을 하고 그게 결정적으로 인생을 꼬이게 하는 일이 너무도 많이 일어나고 있다. 평정심을 유지하지 못하면 직장을 잃기도 하고, 가족과 불화가 생기기도 하고, 친구를 잃거나 범죄자가 되기도 한다. 심지어는 '나'를 잃어버릴 수도 있다.

우리가 바꾸지 못하는 것은 그대로 두고 우리 스스로가 바꿀 수 있는 것만 바꾸자. 그러면 인생이 꼬여 너무도 힘든 일을 겪지 않게 되며, 힘든 일을 겪더라도 더 잘못된 선택을 하지 않게 된다. 그 과정이 바로 '멘탈링'이다.

나이 먹어 알게 된 아버지의 멘탈링

"가장 존경하는 사람은?"

이런 질문을 받으면 평소 존경했던 인물들을 한 명씩 나열한다. 이순신 장군, 세종대왕, 신사임당부터 에디슨, 링컨, 퀴리 부인까지 다양한 역사적 인물들이 거론된다. 이런 인물들을 꼽는 사람들은 대체로 나이가 많지 않은 사람들이다.

누군가 나에게 가장 존경하는 사람을 꼽으라고 하면 주저 없이 '나의 아버지'를 꼽을 것이다. 솔직히 아버지를 존경한다고 생각하게 된 것은 불과 몇 년 되지 않았다. 나 또한 존경할 만한 사람을 먼 곳에서 찾으려 했다. 그러다가 40대에 접어들면서 아버지란 존재를 다시 한 번 생각하게 되었다.

아버지는 일흔이 넘은 연세에도 작지만 여전히 사업체를 운영하고 계신다. 젊은 나도 일주일에 5일만 근무하는데 아버지는 일이 있든 없든 상관없이 토요일에도 출근하신다. 분명히 수입이 많지 않다는 걸 알고 있는데도 아들인 나에게 손을 벌리기는커녕 손주들 밥 사주라며 돈을 보내신다. 그래도 역시 연세를 드시면서 많이 약해지셨다. 가끔 이렇게 말씀하신다.

"네가 나보다 한 수 위 아니냐? 네 일은 네가 잘 알아서 할 거라 믿는다."

내가 아버지보다 한 수 위라고 생각해본 적이 없다. 그러나 아버지도 더는 사업체를 운영하기 힘든 한계에 달했다는 생각이다. 평생 일을 하신 분이 갑자기 출근을 안 하게 되면 건강이 급격히 나빠진다는 말을 들었다. 수입이 많고 적음을 떠나 아버지가 원하실 때까지 출근하는 게 좋을 거란 생각이다. 1년 전에는 정신을 잃고 세 번이나 쓰러지셨다. 쓰러진 기억조차 못 하실 정도였고 여러 군데 타박상을 입으셨다. 얼마 후에는 패혈증으로 위급한 상황에 처하기도 하셨다.

내가 아버지를 가장 존경한다고 느끼게 된 이유는 나 스스로를 통해서다. 한 가정을 이끌고 나간다는 것은 정말 큰 책임이 수반된다는 것을 알게 되면서부터였다. 20대 후반에 결혼해서 멋모르고 아이를 낳아 키우며 정신없이 30대를 보냈다. 풍족하지는 않아도 별 무리 없이 가족을 부양했다. 약간 믿는 구석은 있었다. 아버지가 건재하시니까 혹시나 하는 마음도 있었다. 그러나 아버지의 건강이 좋지 못하며 수입이 불안정해졌다는 걸 알게 되면서 아차 싶었다. 더는 아버지께 의지하기 어렵다는 걸 알게 되었다. 나 혼자 서야 했다. 그러자 가정을 책임져야 한다는 삶의 무게가 나를 강하게 눌렀다.

아버지는 무일푼으로 시작했다. 의지할 곳 하나 없이 혼자 일어섰다. 그래도 버티고 가정을 책임지셨다. 아버지는 힘들어하는 모습을 나에게 한 번도 보이지 않으셨다. 어머니께도 마찬가지였다. 분명 힘든 일이 많았을 것이다. 포기하고 싶은 마음이 든 적도 있었을 것이다. 그래도 지금까지 가족을 탈 없이 이끌고 오셨다. 그 비결이 뭘까 궁금했었다.

아버지는 힘이 들 때 책을 읽으셨다. 고등학교만 졸업하신 아버지는 다양한 책을 읽지는 못하셨다. 다만 한 권의 책을 무수히 읽는 방법을 택하셨다. 주로 읽으셨던 책은 성공한 사람들이 쓴 책이었다. 그들의 삶을 글로 읽으며 힘든 마음을 다독거리셨다. 또한 백과사전을 탐독하셨다. 내 공부에 도움되라고 사주신 백과사전 전집을 아버지는 읽고 또 읽으셨다.

아무것도 가진 게 없는 아버지가 느꼈을 책임의 무게는 나로서는 상상하기 힘들다. 내가 지금 느끼는 책임의 무게는 아버지에 비하면 아무것도 아니다. 그런데도 힘들다. 힘들지만, 가정을 포기하는 숱한 사람들 속에 끼지 않으려고 최대한 열심히 살고 있다. 그만큼 가정을 책임진다는 건 정말 어려운 일이다.

세상에서 가장 존경하는 사람을 묻는다면 주저 없이 답할 것이다. 나의 아버지라고. 한 번도 못해드린 말을 지면을 통해 적어본다. "아버지, 사랑합니다."

어디에서,
어떻게 시작할까

처음 자전거를 배우던 때

나는 자전거 타는 걸 좋아한다. 내가 페달을 돌리는 수고만큼 시원한 바람이 온몸을 감싸는 그 느낌이 좋기 때문이다. 누구나 자전거를 처음 배웠던 때가 있다. 페달에 두 발을 모두 올려놓고 계속해서 밟으면 넘어지지 않는다. 그런데 처음에는 두 발을 모두 올려놓고 페달을 밟는 일 자체가 너무 힘들다. 넘어질지 모른다는 두려움 때문이다. 조금만 속도가 붙으면 자전거는 넘어지지 않는데 말이다. 일단 한 번만 그 원리를 깨달으면 그다음은 무척 쉬워진다. 그런데 그 속도가 나기 전까지의 두려움을 견디지 못해 자전거 배우는 걸 포기해버리는 사람들이 있다.

자전거 타기를 포기한 아이가 있다. 그 아이는 발을 굴러 바퀴를 돌리는 게 힘들어서 자전거 타기를 포기한 걸까? 아니다. 내 맘대로 통제되지 않는 상황에서 발생하는 좌절감 때문이다. 그만두고 싶은 마음을 다독이며 실패할 것 같은데도 다시 시도하는 것이 단순히 바퀴를 돌리는 것보다 훨씬 힘든 일이기 때문이다. 대한민국 엄마 멘토 조선미 교수가 한 말이다.

스트레스나 좌절감도 한 번만 잘 극복하면 된다. 그다음에는 그런 상황이 와도 잘 넘길 수 있다. 힘든 상황도 한 번만 잘 버티면 그다음에는 문제없이 살아갈 거라는 걸 경험으로 알기 때문이다. 그런데 그걸 못 버티고 주저앉아버리면 다음에 또다시 스트레스가 올 때 두려움에 좌절해버린다. 자전거를 처음 배우던 시절을 떠올려보자. 멘탈링은 바로 넘어지지 않게 자전거 페달을 돌리는 것과 같다.

당신의 가슴을 뛰게 하는 것

최근에 스스로 스트레스를 해소하고 마음을 치유하는 방법들을 소개하는 기사를 본 적이 있다. 음악 감상, 스포츠 즐기기, 명상이나 명상 체조, 허브티 마시기 등 다양한 방법이 소개됐다. 예전에는 주말에 학교 운동장에 모여 조기 축구를 많이 했다면, 요즘은 사회인 야구를 많이 한다. 헬스를 하며 근육이 커지는 맛에 열심히 근력 운동을 하거나 다양한 형태의 요가를 즐기기도 한다. 마음을 수련하는 곳에 모여 마음을 다지는 훈련도 한다.

배우 하정우나 가수 조영남, 가수이자 탤런트인 솔비, 정신과 의사이홍식 박사 등은 그림을 그리며 마음을 치유한다. 생각 속에 있던 이미지를 붓끝을 통해 도화지에 옮기며 마음을 차분하게 한다. 그러면서 스트레스를 해소하고 울분을 토해내며 평정심을 되찾는다.

자신에게 가장 잘 맞는 자기만의 멘탈링 방법을 찾도록 노력해야 한다. 몰입할 수 있고 가슴을 뛰게 하는 것이면 더 좋다. 다양한 방법이 있지만 자신과 맞지 않으면 소용없다. 사람에 의한 스트레스든 일에 의한 스트레스든 마찬가지다. 다른 사람을 바꾸지 못하면 나를 바꿔야 한다. 나를 근본적으로 변화시켜 외부 환경에 영향을 받지 않도록 해야 한다. 가슴을 뛰게 하고 자신이 완전히 몰입할 수 있는 자기만의 멘탈링 방법을 찾아야 한다. 가장 쉽고 효과적이며 근본적인 방법은 4장에서 제시하는 멘탈링 일곱 단계다. 반드시 실천해보길 바란다.

평범한 날들이 모여 특별한 하루가 되도록

발레리나 강수진이 쓴 《나는 내일을 기다리지 않는다》에 그녀의 발을 찍은 사진이 나온다. 뼈는 변형되었고 온통 굳은살이 가득한 그 발을 보며 사람들은 감동한다. 강수진은 아침에 일어나 몸이 아프지 않으면 어제 연습을 게을리한 건 아닐까 걱정한단다. 오늘날의 강수진을 만든 건 하루도 자신을 배려하지 않고 연습을 하게 한 그녀의 강한 마음이었다는 걸 의심하는 이는 아무도 없다. 그녀라고 좌절하거나 실망하거나 마음이 무너지는 일이 왜 없었겠는가. 분명히 있었다. 하지만 무너진 마음을 다시 추슬러 세운 게 연습이었다. 몸이 망가질 정도로 지독한 연습을 하는 것이 그녀에게는 멘탈링이었다.

강수진이 생각하는 자신에 대한 가장 큰 찬사는 무엇일까? 선이 가장 아름다운 발레리나? 아니면 세계 최고의 테크닉을 가진 발레리나? 아니다. '강수진은 보잘것없어 보이는 하루하루를 반복하여 대단한 하루를 만들어낸 사람'이라는 것이라 한다.

우리는 대단한 하루를 만들려면 반드시 대단한 일을 해야 한다고 생각한다. 하지만 남들이 볼 때 별것 아닌 일이지만 그것으로 대단한 내일을 만드는 사람들이 있다.

나는 멘탈링을 위해 책 읽기를 선택했다. 지하철에서, 집에서, 점심시간에도 수시로 짬을 내서 책을 읽는다. 그런 평범한 일이 모이고 모여 나에게 특별한 하루를 만들어준다. 마음에 평안을 주고 현재에 충실하며 미래의 내 꿈을 현실로 만들어준다는 걸 안다.

아무리 뛰어난 능력을 갖췄더라도 마음을 잘 관리하지 못해서 또는 그 마음의 상처가 깊어서 능력을 제대로 발휘하지 못하는 직장인들이 정말 많다. 뛰어난 능력을 인정받기는커녕 도리어 무능하다는 평가를 받기도 한다. 비단 직장인들이 회사에서 겪는 것만 해당하는 게 아니다. 일상생활에서도 순간적인 분노와 울분을 참지 못해 돌이킬 수 없는 큰 실수를 저지르는 사람을 흔히 볼 수 있다.

누구나 마음을 제대로 관리해야 한다. 능력만 가지고는 성공할 수 없다. 성공까지도 바라지 않는다. 바로 사회인으로서 생존이 달린 문제다. 생존하려면 능력보다 마음을 먼저 다룰 줄 알아야 한다.

호랑이와 고양이의 유전자는 불과 1.2퍼센트의 차이밖에 없다고 한다. 호랑이가 되기 위해 필요한 게 바로 멘탈링이다. 고양이로 살 것인가 호랑이로 살 것인가는 그 1.2퍼센트로 결정된다. 우리는 이 책을 통해 1.2퍼센트를 찾아가는 여행을 하게 될 것이다.

일시적인 기분 전환을 위한 힐링의 시대는 갔다. 이제는 의식과 무의식을 강화하고 스스로 강해져야 하는 멘탈링의 시대가 온 것이다.

무의식의 불가사의한 힘

나를 펑펑 울게 한 꿈 이야기

"우리 유정이는 누구 닮아서 이렇게 못생겼어?"

딸아이는 살짝 미소를 띤 채 쏴붙이듯 대답한다.

"아빠 닮아서 그렇지 뭐."

딸아이는 나를 무척 닮았다. 아들인 큰아이는 엄마를 닮았고, 작은 아이는 나를 쏙 빼닮았다. 그래서 그런지 더 예뻐 보이고 애착이 간다. 요즘 딸바보란 말이 유행이다. 딸을 무척 사랑하여 사리분별을 하지 못할 정도로 세상에서 무엇보다 소중하게 생각하는 아빠들을 일컫는 말이다. 눈에 넣어도 아프지 않을 만큼 딸을 사랑하는 아버지가 어디 요즘에만 있었겠는가. 우리 아버지만 보더라도 아들인 나보다 딸인 여동생을 더 예뻐하신다.

나 또한 딸바보다. 내가 집에서 하는 일 중에 가장 좋아하는 게 딸의 뽀뽀 폭탄을 받는 것과 텔레비전 보면서 딸아이 궁둥이를 두드리는 것일 정도니까 말이다. 가끔 아들 녀석이 딸아이와 나의 이런 애정 행각(?)을 질투하기도 한다. 언제나 애교가 넘치고 엄마보다 아빠를 더 사랑한다는 딸.

그런 딸이 죽었다.

내 목숨보다 더 소중한 딸을 잃었다는 걸 도저히 믿을 수가 없었다. 딸아이가 없는 이 세상을 어떻게 살아가야 할지 모르겠다. 동생을 잃은 큰아이가 힘없이 앉아 있다. 고개를 푹 숙인 채. 더 나올 눈물이 없는지 울지도 않는다. 큰아이를 뒤에서 안았다. 그러자 '딸은 이렇게 다시 안을 수 없게 됐구나'라는 슬픔이 몰아쳤다. 내장이 터질 것 같았다. 핏줄이 하나씩 끊어지는 느낌이 들었다. 몸이 용광로처럼 뜨거워지더니 목덜미와 귀로 열이 몰렸다. 오열했다. 눈물이 멈추질 않았다. 마구 울부짖었다.

"어떡하니, 어떡하니. 우리 유정이 보고 싶어 어떡하니."

이제는 끊어진 핏줄 사이로 피가 흘러 위로 모여든 것 같았다. 피가 뱃속에서 휘몰아쳤다. 더는 참을 수 없었다. 피가 식도를 따라 역류해 올라오고 있었다. 이대로 피를 토해 죽고 싶었다. 딸아이 없이 살아갈 자신이 없었고, 바라볼 희망도 없었다.

침대에 앉아 극한의 고통을 느끼며 울었다. 그것이 꿈이라는 걸 알면서도 몸은 고통을 그대로 겪고 있었다. 얼굴은 눈물과 콧물로 범벅이 되었다. 마음이 진정되질 않아 다시 눈을 감았다. 어지러웠다.

딸아이가 자는 모습을 바라보았다. 오른쪽으로 돌아누워 자고 있었다. 얼굴에 손등을 댔다. 따뜻했다. 딸아이 옆에 누웠다. 그리고 손을 잡았다. 내 손이 조그만 손을 감쌌다. 머리카락을 쓰다듬었다. 손끝에 전해지는 부드러운 느낌이 나를 안심시켜주었다. 내 손끝으로 딸아이의 손끝을 스쳤다. 딸아이는 내가 옆에 온 걸 느꼈는지 팔을 들어 나를 감싸 안았다. 그날 새벽 나는 뜬눈으로 딸아이 옆에 누워 있었다. 꿈이어서 감사했지만 꿈은 나를 한참 괴롭혔다.

왜 그런 꿈을 꾸게 되었는지 알고 있다. 꿈을 꾸기 며칠 전 나는 윌리엄 B. 어빈이 쓴 《직언》이란 책을 읽었는데, 거기에 이런 내용이 있었다.

두 명의 아버지가 있다. 한 아버지는 소중한 아이의 죽음에 대해 깊이 생각해본다. 언젠가 죽을 수밖에 없는 운명이라는 것을 인정한다. 다른 아버지는 우울한 생각을 하려 하지 않는다. 아이가 언제나 자기보다 오래 살 거라는 것을 당연시한다.

첫 번째 아버지는 아침에 눈을 떠 아이가 여전히 자기 삶의 일부라는 것을 확인하고 기뻐한다. 자상하고 다정하게 아이를 대한다.

두 번째 아버지는 아침에 아이를 만나더라도 물밀듯 솟구치는 감동을 느끼지 못한다. 아이가 옆에 있는 게 당연하기 때문이다. 아이와 교감을 나눌 기회를 내일로 미룬다. 어차피 내일도 아이가 옆에 있을 거라고 생각한다.

책을 읽을 때에는 이 이야기에 집중하지 않았다. 그냥 읽고 지나쳤다. 그런데 아마 나는 무언가를 느꼈나 보다. 이 글이 뇌리에 남아 나에게 메시지를 전했던 것이다. 우연히도 그 책을 읽은 며칠 후 나는 딸아이가 죽는 끔찍한 꿈을 꾸게 된 것이다. 평소에도 좋은 아빠였다고 생각한다. 그 일을 계기로 더 좋은 아빠가 되려고 노력하고 있다. 아이와 한 번이라도 더 눈을 맞춘다. 안아줄 때는 뼈가 으스러지도록 꼭 안아준다. 아빠가 자기를 얼마나 사랑하는지 뼛속까지 느끼게 해주고 싶어서다.

나는 의식과 무의식, 그리고 무의식과 의식이 서로 연결되어 나를 변화시킨 놀라운 경험을 했다. 의식 속에서 읽었던 책의 내용이 무의식 속에서 살아 꿈틀거렸다. 의식이 무의식을 자극했고, 무의식이 다시 의식을 자극한 것이다. 의식과 무의식은 하나로 이어져 나를 움직이고 있었다. 의식을 차린 후에도 여전히 몸은 무의식의 지배에 놓여 있었다.

장자가 하루는 나비가 되어 꽃 사이를 날아다닌 꿈을 꾸었다. 꿈이 얼마나 생생했던지 꿈에서 깨어도 꿈인지 생시인지 분간을 하지 못했다. "나비가 나인지, 내가 나비인지 모르겠다"란 말을 중얼거렸다. 장자는 그 꿈을 통해 큰 깨달음을 얻었다고 한다. 우리는 인간의 삶을 살며, 잠을 잘 때 꿈을 꾼다고 생각한다. 하지만 인간이 되어 살아가는 꿈을 꾸고 있는 한 마리 나비인지도 모른다.

장자의 이야기처럼 너무나 생생한 꿈은 현실과 꿈을 분간하기조차 힘들게 한다. 우리가 살아가는 이 세상이 현실이 아니라 내가 살아가는 꿈을 꾸고 있는 누군가의 꿈속일지도 모른다. 현실이라는 의식과 꿈이라는 무의식, 또는 꿈조차 꾸지 않는 무의식이 혼란스러웠던 경험이 있는가? 의식과 무의식이 하나로 연결되어 당신의 의식을 자극했던 경험이 있는가? 바로 이것이 멘탈링의 기본 요소가 된다.

무의식이 대신 일하게 한 천재들

사회심리학자인 티모시 윌슨은 《나는 내가 낯설다》에서 이렇게 주장한다.

"의식이 우리의 행동을 결정하는 데 차지하는 비중을 굳이 따진다면 빙산의 꼭대기에 쌓인 눈덩이 하나에 지나지 않는다."

우리가 어떠한 행동을 할지 결정하는 데 의식이 차지하는 비중이 매우 적다는 말이다. 그러면 가장 큰 비중을 차지하는 게 뭐란 말인가? 바로 무의식이다.

정말 재미있지 않은가? 우리가 하는 행동들이 의식보다 무의식에 훨씬 더 많이 의존하고 있다는 사실이 말이다. 그만큼 무의식의 영역이 매우 크고 중요하다는 뜻이다. 그러하기에 무의식이란 존재를 이해하고 그걸 강화해나가면, 우리는 지금의 우리보다 더 나은 미래의 우리로 만들 수 있다.

우리의 마음이 무너지고 흔들려 잘못된 행동으로 표출되는 걸 막으려면 무의식 영역을 강화하면 된다. 하루에도 열두 번씩 변하는 마음을 통제하고 조절하여 더 힘든 삶이 되지 않게 하려면 끊임없이 무의식을 자극하고 교육하며 튼튼하게 만들어가야 한다.

어떻게 하면 그렇게 만들 수 있을까? 의식을 통해 무의식을 자극하면 된다. 바로 생각여행이다. 생각이 흘러가는 대로 내버려두는 것이다. 그러면 의식을 지나 무의식 영역에 접속한다. 그래서 무의식 속에 내 말과 행동, 그리고 마음에 좋은 영향을 미치는 영양분을 계속 공급한다. 그 영양분이 무의식에 전해져 잘 자란 긍정의 에너지가 다시 의식을 통해 분출된다.

여기서 하나 짚고 넘어가자. 무의식에 좋은 영향을 미치는 영양분을 어떤 식으로 공급할 수 있을까? 바로 책이다. 저자들이 오랜 연구 끝에 알아낸 세상의 이치를 말로 전달하기 힘들어 활자로 옮긴 그 책들을 내 것으로 만드는 것이다. 의식이 책을 읽고 이해하며 받아들인 영양분이 무의식 영역에 전달될 때, 저자들이 알아낸 삶의 이치가 비로소 마음으로 받아들여지고 나의 일부로 흡수되어 좋은 영향을 미치게 된다.

《김영민의 공부론》을 보면 재미있는 이야기가 나온다. 영국의 수학자이자 철학자인 버트런드 러셀은 무의식의 역할을 아주 잘 이용한 사람 중 하나다. 그가 수학책을 매일 열 시간씩 쓰고 있을 때였다. 책이 잘 써지지 않거나 문제가 잘 풀리지 않으면, 그는 혼자 힘으로 하기 힘들다고 판단해 자신의 무의식에 의지하곤 했다.

러셀은 무의식에 명령을 내렸다.

"내가 잠에서 깨어날 때까지 이 문제를 풀어놓아라."

황당하게 들릴 것이다. 이게 말이 돼? 그런데 러셀에 의하면 이 방법이 제법 효과가 있었고, 그 덕에 책을 끝까지 써낼 수 있었다고 한다.

조 비테일의 《꽂히는 글쓰기》에도 또 다른 이야기가 있다. 댄 케네디는 세계에서 가장 많은 수수료를 받는 카피라이터 중 한 명이다. 그는 대학을 나오지 않고도 사람들의 마음을 즉각적으로 반응하게 하는 법을 스스로 깨우쳤다. 그리고 마케팅 분야에서 최고의 전문가로 손꼽히며 미국을 대표하는 비즈니스 코치이자 강사로 활동한다.

그가 사람의 마음을 즉각적으로 움직이게 하는 기발한 카피를 만들어낸 비법은 무엇일까? 그는 무의식의 문을 활짝 열어두었다. 의식의 힘으로만 최고의 카피를 만들어내는 게 힘들다는 판단을 하고 무의식에 의지했다. 무의식이 사실상 모든 질문에 대한 해답을 가지고 있으며, 우리가 의식하는 것보다 더 많은 영역에 접근할 수 있다는 것을 알았던 것이다.

무의식이란 단어가 나오니 머리 아프다는 반응을 하는 독자가 있을 것이다. 그러나 그럴 필요가 없다. 방법은 간단하다. 멘탈링을 하면 된다. 우리가 멘탈링만 하면 나머지는 다 알아서 진행된다. 필요할 때 무의식이 우리를 대신해 일을 하고, 멋진 아이디어를 내놓을 것이다. 멘탈링의 결과로 마음의 평안과 평정심만 얻을 수 있는 게 아니다. 책을 읽으면서 의식을 통해 계속 자극하면, 무의식이 자동으로 반응하고 생각여행으로 이끌어 당신이 생각하지 못했던 새로운 영역으로 안내할 것이다.

멘탈링의 궁극적 목표, 평정심

금도끼 은도끼의 교훈

어느 착하고 가난한 나무꾼이 산에 나무를 하러 갔다. 호수 근처에서 적당한 나무를 발견하고 나무 밑동을 도끼로 힘껏 내리쳤다. 그런데 실수로 도끼가 호수에 빠져버렸다. 가진 거라곤 그 녹슨 쇠도끼밖에 없던 나무꾼은 그 자리에 털썩 주저앉으며 목놓아 울었다.

"아이고, 어떡하나? 하나밖에 없는 도끼를 강물에 빠뜨렸으니. 도끼 살 돈은커녕 우리 아이들 빵 살 돈도 없는데. 이제 우리 가족은 굶어 죽게 생겼네, 엉엉."

나무꾼의 울음소리가 호숫가에 울려 퍼졌다. 이때 나무꾼을 가엾게 여긴 헤르메스 신이 호수에 뛰어들었다. 그러곤 금도끼를 하나 건져왔다.

"불쌍한 나무꾼아, 이 금도끼가 네 도끼냐?"

그러자 나무꾼은 힐끗 보더니 대답했다.

"아니요, 그건 제 도끼가 아닙니다."

헤르메스가 다시 호수에 뛰어들어 이번에는 은도끼를 건져왔다.

"그럼, 이 은도끼가 네 것이냐?"

"아니요, 그것도 제 것이 아닙니다. 제 도끼는 녹슨 쇠도끼입니다."

헤르메스는 쇠도끼를 주워오면서 말했다.

"이 낡고 녹이 슨 도끼가 네 것이란 말이냐?"

그제야 얼굴이 밝아진 나무꾼이 말했다.

"네, 그렇습니다. 바로 그 도끼가 제 것입니다."

그러자 헤르메스는 나무꾼에게 쇠도끼뿐 아니라 금도끼와 은도끼도 주었다.

알다시피 이솝우화에 나오는 '금도끼 은도끼 이야기'다. 여기서 우리는 나무꾼의 정직함에 초점을 맞춰 이야기를 해석한다. 헤르메스도 나무꾼의 정직함에 감복했기에 도끼 세 자루를 나무꾼에게 준 것이다.

그런데 이 이야기에서 우리가 배워야 할 점이 정직함 하나뿐일까? 칼 비테가 쓴 《공부의 즐거움》에서는 이렇게 해석했다. "쇠도끼가 자기 것이라고 대답한 것에서 본받아야 할 점은 유혹 앞에서 흔들리지 않았던 나무꾼의 평정심이다."

평정심의 사전적 의미는 '어떤 환경이나 상황에서도 당황하거나 흔들리거나 균형을 잃지 않는 냉철한 마음가짐'이다. 그렇다. 가난에 몹시도 시달리던 나무꾼은 헤르메스가 금도끼를 내밀며 네 것이냐고 물었을 때 순간적으로 엄청나게 많은 생각을 했을 것이다.

'아니, 저 강물에 금으로 만든 도끼가 빠져 있었구나. 어떡하지? 저 금도끼가 내 거라고 말할까? 아니야. 신은 저 금도끼가 내 것이 아니라는 걸 알고 있을지도 몰라. 아니지, 아무리 신이라고 그것까지 어떻게 알겠어? 그냥 내 거라고 말할까? 저것만 있으면 우리 가족은 떵떵거리며 살 수 있을 텐데…. 아, 미치겠다.'

나무꾼은 금도끼와 은도끼의 유혹에 마음이 몹시도 흔들렸지만 이내 냉정을 되찾았다. 그리고 금도끼와 은도끼가 자기 것이 아니라고 말했다. 금도끼와 은도끼를 받게 될 것을 예측하지는 못해도 헤르메스가 쇠도끼를 건져줄 것이라 생각했다. 쇠도끼만 다시 찾아도 나무꾼은 본전이다. 나무를 해서 생계를 이어가면 되니 다행스러운 일이다.

우화가 아니라 실제 역사에서도 마음을 잘 통제하여 꿈을 이루거나 큰일을 해낸 평정심의 대가들이 있다. 지금부터 그들을 만나보자.

넥센히어로즈 박병호의 4무

2013년 9월 21일, 선두 삼성라이온즈와 3위 넥센히어로즈의 숨 막히는 접전이 벌어지고 있었다. 히어로즈가 5:4로 이기고 있던 6회 2사 주자 1, 2루 상황이었다. 안타 하나면 동점이 된다. 라이온즈의 박한이가 중전 안타를 쳤다. 히어로즈의 중견수였던 이택근은 타구를 빨리 처리해 2루 주자가 홈에 들어오는 걸 막고 싶었다. 그런데 여기서 이택근은 공을 뒤로 흘려보내는 알까기 실책을 저질렀다. 이택근은 실수를 한 순간 흘린 공을 주우러 가지 않았다. 그 자리에서 무릎을 꿇고 주저앉아버렸다. 결국 타자인 박한이까지 그라운드 홈런으로 홈까지 들어왔다. 팽팽한 승부에서 결정적인 실책을 저지르자 이택근도, 감독도, 팬들도 소위 '멘붕(멘탈 붕괴)'에 빠졌고 급기야 경기까지 내주고 말았다.

이택근은 이런 실책을 저질렀다 해도 주저앉아서는 안 된다. 정신을 가다듬고 즉시 공을 쫓아가야 했다. 주자는 어쩔 수 없다 하더라도 타자까지 홈에 들어오는 건 막아야 했다. 베테랑인 이택근이 왜 이런 태도를 보였는지는 모르겠다. 물론 실수는 누구나 할 수 있고, 더 잘하려다가 벌어진 실수를 너무 탓해서도 안 된다. 하지만 엄연히 실수는 실수로 끝내야 한다. 실수 이후가 중요하다. 곧바로 평정심을 찾아 본래의 역할로 되돌아와야 한다. 그리고 다시 실수하지 않도록 노력해야 한다.

같은 팀의 4번 타자는 박병호다(참고로 나는 히어로즈 팬은 아니다). 2013 시즌을 마치고 그는 2년 연속 MVP를 수상했다. 홈런, 타점, 장타율, 득점에서 모두 1위를 하며 2012 시즌 3관왕을 넘어섰다. 그가 타격에서 거둔 좋은 성적은 히어로즈란 팀이 창단된 후 처음으로 가을 야구를 하는 데 큰 공헌을 했다. 2014년에는 더 놀라운 성적을 거두었다. 50개가 넘는 홈런을 때렸다. 한국 프로야구에서 50개 이상 홈런을 친 경우가 단 세 번밖에 없었다고 하니 박병호의 기록이 얼마나 놀라운지 알 수 있을 것이다.

〈마이데일리〉는 2013년 9월 23일 자에 박병호가 타격에서 뛰어난 실력을 보이는 비결을 다뤘다. 그가 말한 비결은 4무(無)다. 부담, 책임, 걱정, 만족 4가지를 안 한다는 얘기다. 여기서 부담, 책임, 걱정은 비슷한 맥락이다. 자신이 4번 타자로서 해결해야 한다는 지나친 부담감과 책임감은 안 좋은 공에도 방망이를 휘두르게 한다. 그러면 상대 투수와의 수 싸움에서 밀릴 수밖에 없다. 지나친 책임감에서 해방되면 편안한 마음으로 타석에 설 수 있다. 그 편안한 마음이 바로 평정심이다. 그는 평정심을 유지하기 위해 무던히 노력했으리라. 그렇게 자신만의 방법으로 꾸준히 멘탈링을 한 것이 결국 좋은 성적으로 이어졌다. 2013, 2014 두 시즌을 통틀어 가장 강력한 타자였던 박병호는 멘탈링에서 승리했기에 그 크나큰 영광을 누릴 수 있었다.

운동선수만큼 멘탈링이 필요한 사람도 드물다. 육체적인 훈련만큼 강조되는 게 정신적인 훈련이다. 결정적인 순간에 마음이 무너져 다 잡은 승리를 놓치는 경우가 너무도 많기 때문이다. 2014 인천아시안게임에서 사격선수 정미라는 다 잡은 금메달을 놓쳤다. 그녀는 경기 내내 상대를 압도했으며, 마지막 한 발을 남겨 두고 있었다. 모두들 금메달을 예감했다. 그런데 마지막에 너무나 어이없는 실수를 했고 그것으로 메달 색깔이 바뀌어버렸다. 갑상선암을 이기고 대회에서 금·은·동 메달을 따낸 그녀의 투혼에 박수를 보냈지만, 너무도 아쉬운 순간이었다.

나는 야구부가 있는 중학교에 다녔다. 같은 반 친구 중에 야구부가 한 명 있었다. 그는 오전에는 수업에 들어왔는데, 수업 시간 내내 잠만 잤다. 그리고 오후에는 야구 훈련을 하러 나갔다. 오직 훈련만이 살 길이라 생각했던 것 같다. 하지만 그는 결국 야구선수로 성공하지 못했다.

운동선수들에게 제안한다. 몸을 단련하는 훈련만 주야장천 하지 않기를 바란다. 스스로를 강하게 만드는 정신적 훈련인 멘탈링에도 힘써야 한다. 피땀 흘려 훈련한 결과를 마음 싸움에서 지는 바람에 송두리째 날려버리는 불상사를 막기 위해서다. 신체적인 노력에 정신적인 훈련까지 보탠다면 더욱 훌륭한 선수가 될 수 있다고 확신한다.

깔끔하게 마무리된 주차 시비

우리 집 주차구역에 자꾸 외부 차량이 주차를 하기 시작했다. 외출했다 돌아올 때마다 번번이 차를 빼달라고 전화하는 게 번거로웠다. 어느 날, 귀가길에 보니 마침 어떤 차가 주차를 하고 있었다. 상습적으로 차를 대는 사람이었다. 다가가서 여기 차를 대지 말라고 말했다. 그러자 50대 중반으로 보이는 아저씨가 차에서 내리며 다짜고짜

"이 새끼가? 네가 뭔데 차를 빼라 마라야?"라고 하는 것이 아닌가. 이런 말을 들으면 대부분 사람은 뚜껑이 열린다. 곧바로 "당신 방금 뭐라고 했어?" 하며 멱살잡이로 들어가기 마련이다. 여기서 서로 감정이 격해지다 보면 일이 커진다. 주먹다짐을 하거나 흉기를 집어 들고 심각한 폭력을 행사하면 보통 일로 끝나지 않는다. 앞에서 이야기한 것처럼 욱하는 마음에 전과자가 될 수도 있다. 그러면 예의를 전혀 모르는 저런 아저씨에게 "죄송합니다. 차를 대지 말라고 한 제 잘못입니다" 하고 넘어가야 한다는 말인가?

우리 인생에 평정심이 정말 중요하다고 해서 무조건 화를 참으라는 말은 아니다. 잘못한 사람에겐 화를 낼 필요가 있다. 버릇없는 아이에게 야단을 칠 수 있다. 그냥 도 닦은 사람처럼 어떤 일에도 참고 가만히 있으라는 게 아니다. 필요할 때는 화를 내라. 소리도 쳐라. "당신이 잘못한 것"이라고 강하게 항변하라. 하지만 이것도 선을 넘으면 안 된다는 게 중요하다. 화를 낼 필요가 있을 때 진짜로 화를 내는 게 아니라 쇼를 하라는 것이다. 마음은 평정심을 유지해서 선을 넘지 않도록 하되 겉으로는 화를 내 자기 권리를 주장해야 한다는 말이다. 즉, 전략적으로 화를 내는 것이다.

주차장에서 나에게 욕설을 한 그 아저씨에게 나는 어떻게 했을까? 맞다, 화를 냈다. 다만 평정심을 잃지 않고 화를 냈다. 어떤 사람들은 말도 안 된다는 반응을 보인다. 화가 났는데 어떻게 평정심을 유지하느냐고. 나는 외부 차량이 주차하지 못하게 한번 뭔가를 보여줄 필요가 있다고 생각했었다. 그래서 기회를 기다리고 있었다. 마침 그 아저씨가 차를 대자 차를 빼라고 했으며 그 아저씨는 내가 예상하던 대로 욕설을 하고 나섰다. 덕분에 지나가던 동네 사람들, 집에 있던 주민들 모두 내 모습을 볼 수 있었다. 나는 완전히 뚜껑이 열린 듯한 태도로 왜 나에게 이 새끼라고 하시느냐고 고함을 지르듯 말했다. 시간이 지나자 동네 사람들이 모여들었고 그 아저씨는 내 기세에 눌려 결국 황급히 차를 뺐다. 그리고 다시는 근처에 차를 대지 않았다.

화를 내면서 자칫 나조차 이성을 잃어버리면 더 심각한 상황이 벌어질 수도 있었다. 하지만 나는 화를 내면서 몇 가지 주의 사항을 스스로 떠올렸다. 화를 내되 상대에게 욕설이나 반말을 하지 말 것, 절대 내가 먼저 신체적인 접촉을 시도하지 말 것, 상대의 기세에 눌리지 말 것 등이다. 평정심을 잃지 않으며 전략적으로 화를 낸다면 원하는 것을 얻게 될 확률이 높아진다.

평정심의 대가들을 만나다

안중근 의사의 마지막 성공작

"하루라도 책을 읽지 않으면 입안에 가시가 돋친다."

아마 대한민국 사람이라면 이 말을 누가 했는지 다 알고 있을 것이다. 그렇다, 안중근 의사다. 그는 일본 강점기 때 일제에 항거한 대표적인 인물이며 한국통감으로 있던 이토 히로부미를 하얼빈역에서 사살했다. 사람들은 안중근에 대해 알고 있는 사실이 그다지 많지 않다. 의거를 일으키기 전까지만 해도 그다지 성공적인 삶을 산 사람이 아니었기 때문이다.

한 번은 안중근의 부친이 병을 치료하기 위해 청나라 의사를 찾아간 적이 있었다. 의사소통에서 약간의 문제가 생기면서 청나라 의사가 부친을 폭행했다. 부친은 화해를 청하고 문제를 일단락하였으나,

이에 격분한 안중근이 사람들을 데리고 가 청나라 의사를 반쯤 죽여버렸다. 이게 외교 문제로 확대되었고 안중근은 체포되었다가 가까스로 도망을 친다. 1905년 외교권을 일본에 빼앗겼다는 말을 듣고 국권회복운동을 위해 상하이로 갔다.

부친상으로 다시 돌아온 그는 생계를 위해 석탄회사를 운영했으나 잘 되지 않았다. 교육이 필요하다는 생각에 학교를 운영하며 아이들을 가르쳤다. 이후 국채보상운동에 뛰어들어 열심히 활동하다 일본의 방해로 실패했다. 그런 다음에는 의병대에 가담하여 일본군과 싸우다 직접 의병대를 창설하였다. 그러나 풀어준 포로의 밀고로 일본군의 공격을 받고 부대가 와해된다. 의병대를 재건하기 위해 노력하면서, 이때 동지들과 함께 결의를 다지기 위해 왼쪽 네 번째 손가락 한 마디를 절단했다.

1909년 이토 히로부미가 러시아와 회담하기 위해 하얼빈에 온다는 말을 듣고 암살에 자원한다. 그리고 마침내 이토 히로부미를 저격하는 데 성공한다. 그리고 안중근은 일본에 의해 처형된다. 죽음을 맞는 순간까지도 안중근은 이토 히로부미를 죽인 이유를 당당하게 말했다고 한다.

안중근 의사가 남겼던 "하루라도 책을 읽지 않으면 입안에 가시가 돋친다"는 말은 후대에 독서를 강조하는 뜻으로 알려졌다. 하지만 안중근에게 이 말은 다른 의미였다. 일제 치하에서 식민지 국민으로 살아야 했던 자신의 삶과 어떤 일을 해도 일본에 의해 번번이 좌절을 겪는 자신을 달래기 위한 말이었다. 오욕의 시대에 그는 터질 듯한 분노를 책을 읽으며 다스리고 평정심을 유지했다. 그리고 일생일대에 가장 중요한 순간인 이토 히로부미를 저격할 때까지 평정심을 잃지 않았다.

독배에도 의연했던 소크라테스

소크라테스는 정말 못생겼다고 한다. 시대마다 추구하는 미인상이 다르니 소크라테스가 지금 태어난다면 추남이 아닐지도 모르지만.

소크라테스는 산파였던 어머니의 영향을 받았다. 그의 어머니는 이렇게 말하곤 했다. "나는 아무것도 하는 게 없다. 아이를 만들지도 낳지도 않는다. 다만 아이가 태어나는 걸 옆에서 도와줄 뿐이다." 소크라테스도 질문을 던져 사람들이 스스로 진리를 깨우치도록 옆에서 도와주는 일을 했다.

말년에 소크라테스는 신을 모독하고 청년들을 현혹한다는 이유로 사형을 선고받는다. 그가 독약을 마시고 죽음을 맞이하기까지 그를 시기와 질투의 눈으로 바라본 많은 사람에 대해 얼마나 원망을 많이 했을까 하는 생각이 들었다. 하지만 그는 평정심을 잃지 않았다. 죽음을 맞을 때에도 의연한 모습을 보였다.

어떻게 그는 마음을 다스리며 사형이란 판결에도 당황하지 않고 끝까지 비겁하지 않은 모습을 보일 수 있었을까? 그는 대화를 통해 마음을 잘 다스린 사람이다. 일상적인 수다가 아니라 매우 철학적인 수준의 대화였다. 사람들과 대화를 나누는 것을 가장 큰 즐거움으로 여겼다. 사람들을 대화로 끌어들이기 위해 그는 질문이라는 대화법을 즐겨 사용했다. 그가 질문을 던지면 사람들은 답을 했다. 가르치려는 모습이 아니라 배우려는 모습을 보이자 사람들은 쉽게 대화에 응했다. 소크라테스는 대화의 줄기를 따라가며 생각여행을 한 것이다. 깊이 있는 대화를 통해 자신의 신념을 확고히 했고 그 믿음을 완전히 자기 것으로 만들었다. 그는 영혼의 존재를 믿었다. 그래서 육체적으로는 죽을지 몰라도 영혼은 살아남을 거라고 확신했다.

소크라테스를 아끼던 사람들이 잘못된 판결에 분통을 터트리며 그에게 독약을 마시지 말라고 했다. 하지만 그는 죽음을 통해 그의 신념이 맞는다는 걸 확인하고 싶었다. 그래서 기쁜 마음으로 죽음을 택한 것이다.

도쿠가와 이에야스와 두견새

100년 동안 지루하게 끌던 전국 시대가 통일된 뒤 전국 시대의 최후의 패자가 된 도쿠가와 이에야스. 강력한 도요토미 히데요시의 세력을 누르고 에도 막부 시대를 열었다.

오다 노부나가, 도요토미 히데요시, 도쿠가와 이에야스는 동시대를 살았던 일본 최고의 영웅으로 꼽힌다. 이 세 사람의 성격을 단적으로 보여주는 울지 않는 두견새 이야기는 아주 유명하다.

오다 노부나가는 이렇게 말했다. "울지 않는 두견새는 필요 없으니 죽여야 한다."

도요토미 히데요시의 의견은 이것이었다. "울지 않아도 두견새니까 울게 해야 한다."

그리고 도쿠가와 이에야스는 이렇게 말했다. "두견새가 울 때까지 기다리겠다."

내일의 목숨을 담보할 수 없는 치열한 전쟁 속에서도 도쿠가와 이에야스는 기다림을 택했다. 그가 최후의 승자로 우뚝 설 때까지 얼마나 많은 수모와 모욕을 참아야 했을까? 포기하고 싶은 마음도 분명히 들었을 것이다. 자기를 조롱하는 수많은 적들 속에서 욱하는 감정으로 피가 거꾸로 솟는 일도 무수히 많았을 것이다. 하지만 그는 참았다. 평정심을 잃지 않고 언제나 냉정하게 자신을 컨트롤했다. 그는 자기만의 멘탈링을 통해 감정을 밖으로 드러내지 않았고, 기다리고 기다렸다. 그리고 때가 왔을 때 마침내 기회를 붙들었다.

88연승 신화의 주인공, 존 우든

존 우든은 미국에서 농구선수와 감독으로서 경이적인 기록을 세운 신화적 인물이다. 그가 감독으로서 이끈 UCLA 농구팀은 88연승, 네 시즌 연속 우승, 열 번의 전미대학농구선수권 챔피언이라는 믿기 힘든 기록을 이루어냈다.

리더라면 그의 성공 비결이 정말 궁금할 것이다. 존 우든은 자신의 성공 비결에 대해 뭐라고 말했을까?

"나는 절대로 상대 팀의 전력을 탐색하지 않았다. 상대에 맞추는 게 아니라 자신이 최고가 되면 어떤 팀을 만나도 이길 수 있다. 그게 88연승을 하게 된 비결이다."

이 글을 읽고 무릎을 탁 쳤다. 당연하면서도 확실한 해답이었다. 대한민국 양궁 대표팀은 올림픽이나 아시안게임에서 항상 좋은 성과를 얻는다. 양궁은 옆에 있는 경쟁자를 전혀 의식할 필요가 없는 종목이다. 오로지 자신이 쏠 과녁에 집중하고 자신이 할 일만 하면 된다. 자신이 최고가 되어 10점만 쏘면 된다. 경쟁자가 아무리 세계 랭킹 1위라 해도 10점만 쏘아대는 선수를 이길 방법은 없다.

존 우든에게는 젊은 감독 시절 큰 깨달음을 얻은 일이 있었다. 추천서를 써주는 문제로 한 선수의 아버지와 다툼이 벌어졌다. 존 우든은 그 선수가 자격은 미달이지만 열심히 노력한 점을 높이 사 추천서를 써줄 생각이었다. 그런데 선수의 아버지가 협박조로 나오자 평정심을 잃고 추천자 명단에서 그 학생을 제외해버렸다. 최종 명단을 제출하고 나서야 제정신이 들었지만, 결과는 이미 돌이킬 수 없었다. 70년이 지난 일임에도 그는 여전히 그때 일을 후회했다. 그때부터 평정심을 갖기 위해 노력했고, 오랜 시간이 걸렸지만 결국 자신의 소중한 자산으로 만들었다. 이후 엄청난 기록을 세우는 데 평정심이 큰 밑거름이 되었음은 말할 것도 없다.

멘탈링은 스스로 최고가 되라는 존 우든의 성공 비결과 일맥상통한다. 상사나 동료, 주변 사람 누군가가 상처를 주더라도 자신만 흔들리지 않고 평정심을 유지하면 문제가 되지 않는다. 오직 자신의 목표에 집중하고 자신이 해야 할 일에 최선을 다하면 된다.

앤 설리번과 헬렌 켈러

사람이 외부로부터 정보를 얻을 수 있는 다섯 가지 감각을 오감이라고 한다. 시각, 청각, 후각, 미각, 촉각이다. 이 중에서 가장 비중이 큰 것이 보고 듣는 것이다. 그래서 이 두 가지 능력을 상실하면 생활이 너무 힘들어진다. 여기에 자신의 의사를 전달하는 말하는 능력까지 없다면 사는 게 얼마나 힘들까?

그런 사람이 세상에서 모르는 사람이 별로 없이 유명해졌고, 아이들이 읽는 위인전에 단골 인물로 나온다면? 정말 대단한 사람이 아닐 수 없다. 바로 헬렌 켈러 얘기다. 그녀는 어릴 때 앓은 병으로 보고 듣고 말하는 능력을 잃어버렸다. 그런 그녀를 미국의 사회사업가로 성장시킨 사람이 앤 설리번 선생이다.

우리는 앤 설리번 선생 덕에 헬렌 켈러가 훌륭한 사람으로 성장했다고만 알고 있다. 그런데 몇 가지를 더 생각해보아야 한다. 헬렌 켈러의 부모는 어떻게 앤 설리번이란 사람을 찾아냈을까? 또 앤 설리번은 보고 듣고 말하는 능력이 없는 헬렌 켈러를 교육하는 게 어렵지 않았을까?

알렉스 리커만의 《지지 않는 마음》에 보면 헬렌의 고난과 성장에 관한 여러 이야기가 나와 있다. 헬렌의 부모는 헬렌이 장애 판정을 받았을 때 너무나 큰 충격을 받았다. 마음이 무너지고 하늘이 무너지는 충격이었을 것이다. 그러나 그들은 헬렌을 포기하지 않았다. 무너진 가슴을 일으켜 세우며 평정심을 찾았고 헬렌을 교육할 방법을 찾아 헤맸다. 그리고 마침내 앤 설리번이란 사람을 소개받게 된다.

앤 설리번은 어떤 사람이었을까? 그녀는 가난한 집안에서 태어나 아버지의 폭력에 시달리며 자랐다. 우리는 헬렌 켈러의 선생으로만 앤 설리번을 기억하고 있다. 그런데 그녀 역시 시각장애인이었다는 사실을 아는 사람은 많지 않다. 그녀는 스무 살이 되자 빨리 집을 벗어나고 싶었고 헬렌 켈러의 가정교사로 들어감으로써 집에서 벗어날 수 있었다. 가정교사로 들어갔으니 당연히 월급쟁이였다. 펌프에서 길어 올린 물을 부어주며 '물water'이란 단어를 가르쳤다는 일화는 유명하다.

응석받이에 불과한 헬렌 곁에서 그녀를 교육한 설리번 선생 또한 평정심을 유지하는 강한 마음을 가졌던 사람이다. 포기하고 싶은 마음이 얼마나 많았을까? 헬렌을 가르치는 것만 힘든 게 아니라 헬렌 부모의 기대에 부응하는 모습도 보여주어야 했으니 말이다. 하지만 가정교사를 그만둘 수도 없었다. 돈을 벌지 못하면 다시 집으로 돌아가야 할지도 모르기 때문이다. 설리번은 마음이 무너지는 숱한 상황에서도 평정심을 잃지 않고 견뎌냈다. 그래서 심각한 장애를 가진 헬렌 켈러를 유명한 사람으로 성장시켰고 자신 또한 후대에 이름을 남기게 되었다.

철학을 전공한 브루스 리

"아비요~!"

아빠를 부르는 말이 아니다. 절권도의 창시자 이소룡(브루스 리)의 기합 소리다. MBC 〈진짜 사나이〉란 군대 체험 프로그램에 배우 장혁이 멤버로 나왔다. 그는 수도방위사령부에서 경호 임무를 맡게 되었다. 경호원의 필수 자질인 무술을 연마하는 시간에 그는 멋진 무술 실력을 보여주었다. 그가 보여준 무술이 절권도다.

이소룡은 할리우드에서 쿵후라는 무술을 기반으로 영화배우로 활동했고, 그를 이은 성룡과 이연걸이 할리우드에서 성공할 수 있는 바탕을 다졌다. 실용적인 무술을 개발하려고 애썼던 그는 짧은 거리에서도 큰 힘을 발휘할 수 있는 절권도를 창시하기에 이르렀다.

무술의 대가인 그가 대학에서 철학을 전공했다는 사실을 알고 있는가? 비록 중퇴를 했지만 미국 워싱턴대학교에서 철학을 공부했다. 무술을 연마하는 데는 육체적인 훈련이 대부분이라고 생각할 수 있지만 그는 달랐다. 사람들과 철학적인 토론을 즐길 정도로 철학을 좋아했다. 그는 무술을 하는 데 육체적인 수련보다 정신적인 수련을 강조한 사람이었다. 아무리 뛰어난 육체적 기술을 가지고 있다 하더라도 정신적인 면에서 상대를 앞서지 못하면 싸움에서 진다는 것을 알고 있었다. 급박한 싸움이라도 평정심을 유지해서 가장 적합한 방어와 공격을 하는 것이 매우 중요하다고 판단한 것이다.

그는 생각여행을 즐겨 했다. 무술은 혼자서 수련하지만 상대와 맞

부딪쳐야 실력을 가늠할 수 있다. 상대의 움직임에 따라 방어와 공격을 유기적으로 할 수 있다. 즉, 무술도 주고받는 것이다. 그래서 사람을 이해하려고 노력했다. 사람을 이해하면 싸움에 임하는 마음을 알게 되고, 그걸 역이용해 상대를 제압할 수 있다.

브루스 리는 생각여행을 통해 얻은 결론을 무술로 승화시켰고 평정심을 유지하는 법을 깨우친 인물이다. 바로 그런 까닭에 무술의 대가로서 사람들 뇌리에 오래도록 남아 있는 것이다.

4장

성공한 사람들의 멘탈링 비법

Reading 멘탈링

〈백이전〉을 1억 번 넘게 읽은 김득신

백곡 김득신. 그는 어릴 때 앓은 병으로 둔재에 가까웠으나 멈추지 않는 노력으로 당대 최고의 시인이 되었다. 특히 김득신은 사마천의 《사기》 중 〈백이전〉을 1억 1만 3,000번이나 읽은 것으로 유명하다. 그는 〈백이전〉을 왜 그토록 많이 읽었을까? 정말 재미있었기 때문일까?

만약 재미가 있어서였다면 1억 번 넘게 읽는 동안 그걸 세어보지는 않았을 것이다. 그는 자신이 다른 친구들에 비해 많이 부족하다는 걸 알고 있었다. 아무리 공부해도 평범한 아이들보다 부족한 자신을 발견할 뿐이었다. 발버둥을 쳐도 항상 뒤처졌다. '나는 왜 이리 바보 같을까?'라는 상실감에 마음이 무너졌다. 부모의 눈에 비칠 자신의 모습도 한심해 보였다. 선택은 둘 중 하나다. 마음이 무너진 채 자포자기하듯 그럭저럭 살아가거나, 아니면 평정심을 잘 유지해 끈질기게 공부를 해나가거나. 그는 후자를 선택했다.

일단 흔들리는 마음, 무너지는 마음, 약해지는 마음을 붙잡아야 했다. 그래서 그는 책을 읽으면서 멘탈링을 했다. 〈백이전〉을 읽고 또 읽었다. 한 번 읽었을 때와 백 번 읽었을 때의 자신이 다른 사람이라는 걸 조금씩 알게 되었다. 마음이 차분해지고 세상을 바라보는 눈이 달라지고 있었다. '아, 같은 글이라도 백 번씩 읽으니 조금이라도 내가 발전하고 있구나. 마음이 평안해지고 세상의 이치가 눈에 보이기 시작하는구나.'

그는 틈날 때마다 〈백이전〉을 읽었다. 책을 읽으며 마음을 수양했고, 결국 그는 후대에 이름을 남기는 사람이 되었다.

위인전에 심취했던 정주영 회장

고 정주영 현대그룹 회장이 쓴 《시련은 있어도 실패는 없다》에 그가 어릴 때 어려운 서울 생활을 버틴 이야기가 나온다. 그는 부기학원에 다니며 학원 공부가 끝나면 숙소에 꼼짝 않고 들어앉아 죽으라고 책만 읽었다. 《나폴레옹》, 《링컨》, 《삼국지》 등을 읽은 게 그때였다. 돈이 없어 책을 많이 살 수 없었기에 읽은 책을 읽고 또 읽었다. 자신처럼 가난한 집안에서 태어난 나폴레옹이 강인한 정신력으로 프랑스 공화국 황제가 되었다는 이야기에서는 무한한 희망과 용기를 얻었다.

산골에서 태어나 노동을 하며 항상 책을 가까이했다는 링컨 대통령의 이야기를 읽으며 마치 자신의 이야기인 양 힘을 얻었다. 소설도 읽었지만 특히 그가 주로 읽은 책은 위인전이었다. 책 속 위대한 인물들의 말과 행동에 감명받았고, 특별히 마음에 와 닿는 구절은 공책에 베껴 썼다. 그리고 시간이 날 때마다 읽고 또 읽었다.

어려서부터 정주영은 뚝심이 있었다. 포기하고 싶지 않았고 힘든 생활을 잘 버티고 싶었다. 그때 선택한 그만의 멘탈링 방법이 바로 책을 읽고 마음을 울리는 글을 공책에 옮겨 적는 일이었다. 책을 읽으며 생각여행을 했고 주인공과 함께 세계 곳곳을 누볐다. 주변에서 그를 무시하거나 아프게 하는 일이 있어도 책을 읽고 공책에 옮겨 적으며 마음을 안정시켰다. 그리고 사업과 인생, 인간의 삶을 이해할 수 있었다. 그는 이런 말을 남겼다. "어렵게 생각하면 한없이 어려운 일이나 쉽게 여기면 또 한없이 쉬운 일이다."

그는 쉽게 생각하는 법을 알고 있었다. 아무리 어려운 일이 있어도 그는 자신을 믿었다. 그가 품었던 미래의 꿈이 아무리 어려운 시련에 닥쳐도 그 해결책을 알려주었다. 그러니 어려운 일도 쉽게 해결하는 법을 알게 된 것이다.

정주영 회장은 책을 읽고, 좋은 구절은 옮겨 쓰며 깊은 생각여행을 하면서 힘들고 어려운 시기를 슬기롭게 헤쳐나갈 수 있었다. 그는 조간신문이 배달되기 전까지 책을 읽곤 했는데, 자기 뜻과 일치하는 문장을 발견하면 그때 희열과 행복을 느꼈다고 한다. 당신도 멘탈링을 통해 그런 희열과 행복을 맛보기 바란다.

책에서 희망을 찾았던 이지성 작가

《꿈꾸는 다락방》, 《리딩으로 리드하라》, 《여자라면 힐러리처럼》 등 수많은 베스트셀러를 펴낸 이지성 작가. 15년 동안 무명작가로 빈민가에서 살았다. 실제로 빚더미에서 몸부림치며 다락방에서 산 적도 있다. 책이 많이 팔리고 유명해지니 자연적으로 그를 좋아하는 팬이 생긴 반면, 그를 깎아내리려는 사람도 생겼다. 먹고살기 위해 책을 썼다고 하지만 우리가 그에게서 배울 점을 생각해보자.

교대에 입학한 이지성은 교사가 되기보다는 작가, 즉 글을 써서 성공하고 싶다는 꿈을 가졌다. 대학 때 이미 기울어진 집안 형편 때문에 빈민가에서 9년이란 세월을 살았다. 빚을 갚아야 하니 원하던 작가로서의 삶이 아니라 교사로 살아야 했다. 초급 교사로서 감당하기 버거운 어마어마한 빚을 갚아야 하고, 정말 가난한 사람들이 모여 사는 빈민가에 홀로 서 있을 때, 자신이 얼마나 비참했을까?

절망 속에 그가 선택한 것이 하나 있었다. 바로 책을 읽는 것이었다. 죽으라 책을 읽었다. 그가 책을 읽은 이유가 있다. 책이라도 읽지 않으면 아무런 희망이 없기 때문이었다. 절망에 무너진 마음을 안정시키고 다시 꿈을 꾸기 위해 필요한 것이 멘탈링이었다. 그래서 책을 읽었던 것이다. 읽은 책 중에서 마음에 와 닿거나 중요한 내용을 발견하면 복사기로 복사를 해나갔다. 그리고 그 내용을 정리하면서 다시 읽어봤다. 책을 두 번 세 번 더 읽은 셈이 되었고, 차츰 마음의 평안을 찾았다. 그리고 결심했다. '그래, 내 꿈은 작가로 성공하는 것이다. 다시 글을 쓰자.' 그렇게 이지성은 바닥까지 무너진 마음을 다독거려 글을 쓰는 생활로 돌아올 수 있었다.

이지성은 책에서 스스로 마음을 컨트롤할 수 있는 멘탈링 방법을 찾은 것이다. 멘탈링을 통해 때를 기다렸고 마침내 베스트셀러 작가 반열에 오를 수 있었다.

투병을 책 읽을 기회로 본 손정의 회장

손정의, 일본 이름은 손 마사요시. 일본 소프트뱅크 창업자 겸 CEO이자 일본 프로야구 소프트뱅크 호크스의 구단주다.

손정의 회장은 소프트뱅크를 창업해 성공가도를 걷던 중 인생 최대의 위기를 맞게 된다. 만성간염으로 3년간 병원 신세를 져야 했다. 회사를 설립해 이제 궤도에 오르나 싶었는데 건강이 급속히 나빠진 것이다. 병실에서 밤마다 울며 자신의 신세를 한탄했다.

그런데 문득 이런 생각이 머리를 스쳤다.

"지금까지 바쁘게 살아왔다. 여유가 없다는 핑계로 책을 읽지 못했다. 이번 기회에 지겨울 정도로 책을 읽어보자."

그가 투병 중에 읽은 책이 4,000권에 육박한다고 한다.

손정의는 각 분야의 최고수들을 인생의 스승으로 모셨다. 생존해 있는 인물이든 이미 돌아가신 분이든 그건 중요하지 않았다. 그는 책을 통해 인생의 스승을 찾아갔고 그들에게 배움을 구했다. 책 속에 인생의 스승이 있었다. 그는 시바 료타로의 소설《료마가 간다》와 손무의《손자병법》을 인생의 지침서로 삼았다.

Writing 멘탈링

오욕을 붓 끝에서 승화시킨 사마천

사마천은 《사기》를 저술하기 시작한 지 얼마 되지 않은 시점에 사형을 당할 위기에 처한다. 흉노의 포위에 어쩔 수 없이 투항한 장군을 변호하다 황제의 노여움을 샀기 때문이다. 사형을 면하려면 두 가지 중 하나를 선택할 수 있었다. 거액의 돈을 내거나 아니면 궁형을 받거나. 궁형이란 생식기를 제거하는 치욕스러운 형벌이다. 사마천은 거액을 낼 형편이 되지 못했다. 죽음으로써 자존심을 지킬 수도 있었지만 결국 궁형을 택한다.

사마천은 왜 그런 선택을 했을까? 목숨이 아까워서였을까? 아니다. 그에게는 아버지의 유언에 따라 역사를 쓰는 일, 즉 《사기》를 마무리지어야 하는 사명이 있었기 때문이다.

궁형을 당한 후 사마천은 차라리 죽고 싶다는 마음이 컸을 것이다. 남자로서 인간으로서 죽음보다 더한 정신적 고통을 겪었을 것이다. 그럴 때마다 자신의 목표를 생각하고 오로지 붓 끝에만 집중했다. 그리고 마침내 그 모든 걸 승화시켜 《사기》를 완성했다. 그 덕에 그의 이름과 저술은 지금까지도 사람들 입에 오르내리고 있다.

그는 어떻게 극한의 치욕과 울분을 내려놓고 평정심을 찾을 수 있었을까? 그에게는 글쓰기라는 비법이 있었다. 궁형을 명령한 황제가 죽이고 싶을 정도로 원망스러웠다. 하지만 그의 모든 감정을 붓과 먹에 전이시켰다. 글자 하나하나에 고통을 쏟아 부었다. 마음의 평안을 찾은 사마천은 역사에 이름을 남기는 사람이 될 수 있었다. 자존심을 지키려 사형을 택하거나 궁형을 당한 치욕과 고통에 마음이 무너져 자결을 선택했다면 그의 이름과 저술은 세상의 빛을 보지 못했을 것이다.

〈올드보이〉의 오대수

박찬욱 감독의 〈올드보이〉란 영화가 있다. 2003년 말에 개봉한 영화다. 주인공 오대수(최민식 분)는 평범한 샐러리맨이다. 사랑하는 딸의 생일, 술에 취해 집으로 가다가 납치를 당한다. 그리고 영문도 모르는 채 15년 동안 갇혀 있게 된다. 처음 몇 개월은 군만두를 배식해주는 사람에게 이유나 알려달라고 사정을 한다. 억울함과 분노를 참지 못하고 발악을 한다. 좁은 방에 있는 유일한 친구이자 외부 세계를 알 수 있는 통로인 TV에서 오대수는 아내가 살해당했으며 용의자로 자신이 지목됐다는 사실을 알게 된다. 계속 자살을 시도하지만 성공하지 못한다. 극한의 정신적인 고통을 느끼던 주인공이 마음을 다스리기 위해 무엇을 했는지 아는가?

그가 한 행동은 두 가지다. 하나는 자신이 그동안 저질러 왔던 악행을 글로 쓰는 것이고, 또 한 가지는 상상 훈련을 하는 것이다. 이 두 가지는 오대수가 15년이나 작은 방에서 버틸 수 있게 하고 감금 후에는 복수를 할 수 있게 해주었다.

오대수는 멘탈링의 방법으로 글쓰기를 선택했다. 마음을 다스리고 끔찍한 감금 생활을 버틸 수 있도록 평정심을 찾게 해준 것이 바로 글쓰기였다. 10여 권의 노트에 자신이 살아오며 잘못했던 일, 감금생활을 버티면서 겪었던 환각 증세들, 탈출 후 복수하는 방법 등을 글로 적었다. 처음에는 자기를 가둔 놈이 누군지 찾기 위해서 글을 썼다. 하지만 시간이 지나면서 마음의 평정을 찾는 데 글을 쓰는 게 정말 도움이 된다는 걸 느꼈다. 그래서 멈추지 않고 글을 썼던 것이다.

그리고 오대수가 했던 또 한 가지가 상상 훈련이다. 탈출 후에 복수를 하기 위해서는 무술 실력이 필요했다. 하지만 혼자 갇혀 있는 오대수는 상상으로만 훈련을 했다. 가상의 적이 공격해올 때 어떤 식으로 방어하고 어떻게 공격하겠다는 것을 오로지 상상으로만 연습했다. 그런데 그게 수십 명의 조폭과 싸우는 데서 실제로 통했다.

생각여행을 통해 무의식을 계속해서 자극하며 무의식에 숨겨져 있던 잠재력을 끄집어냈기 때문이다. 그 잠재력이 몸에 그대로 전달되어 십수 년간 수련한 무술 유단자를 뛰어넘는 실력을 갖추게 된 것이다.

세계적 베스트셀러 작가 스티븐 킹

스티븐 킹은 《쇼생크 탈출》, 《미저리》 같은 대중적으로 사랑받는 소설을 쓴 작가다. 그는 글을 어떻게 매력적으로 쓰는지 소개한 《유혹하는 글쓰기》에서 다음과 같이 말했다.

"이 세상에 아이디어 창고나 소설의 보고 따위는 존재하지 않는다. 소설의 아이디어는 그야말로 허공에서 느닷없이 나타나 소설가를 찾아오는 듯하다."

작가는 글을 써서 먹고사는 직업이므로 늘 대중의 구미를 당길 만한 소재를 찾아 나선다. 그런데 번뜩이는 아이디어는 억지로 찾는다고 해서 찾아지는 것이 아니다.

누구나 한 번쯤은 대단한 아이디어가 오른쪽 눈 위에서 전구가 켜지듯 번쩍 하고 떠오른 경험이 있을 것이다. 그 아이디어는 어디서 나왔을까? 왜 갑자기 떠올랐을까? 청소부가 청소를 하고 있는데 갑자기 멋진 소설의 소재가 떠오르지는 않는다. 왜냐? 그는 소설가가 아니기 때문이다. 소설을 쓸 생각도 없다. 그러니 소설의 멋진 소재가 반짝 하고 나타나지 않는다. 소설을 쓰려고 오랫동안 자료를 찾고 책을 읽고 인터뷰를 하면서 계속해서 고민한 사람에게만 그 불이 켜진다.

그 고민이라는 생각여행이 어제보다 더 나은 스티븐 킹을 만들었다. 그리고 대단한 작가인 미래의 스티븐 킹이 현재의 스티븐 킹에게 멘토링을 했다. 즉 멘탈 타임머신이 서로 연결된 것이다. 현재의 스티븐 킹이 엄청난 정신적 노력을 했고, 미래의 스티븐 킹이 멘탈 타임머신을 통해 번뜩이는 아이디어를 떠올리게끔 멘토링을 해준 결과다.

모닝 페이지로 세상과 다시 화해한 김은섭 작가

《책 앞에서 머뭇거리는 당신에게》에서 김은섭은 글쓰기로 멘탈링한 사례를 소개했다.

4년 동안 모은 종잣돈을 친한 친구에게 사기를 당했다. 엎친 데 덮친 격으로 아버지가 갑자기 돌아가셨다. 돈, 친구, 아버지까지 잃은 그는 세상을 등지고 말았다. 1년 동안 은둔형 외톨이로 살았다. 그러던 어느 날, 친구가 던져준 책 한 권에 감명을 받고 매일 '모닝 페이지' 쓰기를 실천했다. 모닝 페이지란 종이에다 아무거나 생각나는 대로 적어나가는 것이다. 아무에게도 보여줄 필요가 없고 쓴 사람이 다시 볼 필요도 없다. 그냥 머릿속에 떠오르는 말을 펜을 통해 종이에 적는 것뿐이다.

그가 은둔형 외톨이로 살면서 유일하게 몰입하면서 했던 일이 바로 모닝 페이지였다. 생각을 내려쓰면서 과거와 만났고 싸우고 화를 내고 울부짖었다. 그에게 모닝 페이지는 바로 멘탈링이었던 것이다. 형식 없이 격식 없이 글을 써내려가며 생각여행을 했고 과거에 자신을 괴롭혔던 수많은 사람과 사건을 만났다.

이렇게 살면 안 된다는 생각이 마음 한구석에 있었을 것이다. 그러나 그걸 깨고 나올 도구가 없었다. 미래의 성숙한 김은섭은 은둔형 외톨이로 살던 김은섭을 찾아가 끊임없이 메시지를 전했다. 친구를 통해 책을 전달받았고 그걸 계기로 그는 멘탈링을 체득하게 된 것이다. 극단적인 선택을 하기 전에 다행히 그는 평정심을 되찾았고 다시 열심히 살게 되었다.

김은섭 작가처럼 글을 쓰면서 무너진 마음을 다시 일으켜 세운 사람이 많다. 글을 어떻게 쓰기에 마음이 치유될까? 글이라는 게 종이에 펜을 갖다 대거나 컴퓨터 키보드에 손가락을 올려놓는다 해서 바로 써지는 게 아니다. 글이 나오기까지 오랜 시간 생각여행을 해야 한다. 경험했던 사건, 좋았던 또는 가슴 아팠던 순간, 아니면 누군가에게 정말 하고픈 말들, 실제로 경험하지는 않았어도 상상이나 꿈에서 보았던 신 나는 일들을 글로 쓴다. 최고의 맛을 내는 간장이 나오기까지 항아리 속에 충분한 시간을 들여 묵혀두듯이 글로 표현되기까지 참으로 많은 생각여행을 해야 한다.

그 생각여행에서 생각들끼리 싸움을 한다. 분노를 터트렸다가 진정하기도 한다. 누군가를 원망했다가 그 사람에게 연민을 느끼기도 한다. 사랑하는 사람과 같이 나눈 소중한 추억들을 떠올리며 미소를 지었다가 그 사람을 다시 볼 수 없음에 뼈가 사무치는 그리움으로 몸을 부르르 떨기도 한다. 그렇게 생각여행을 하고 그걸 글로 표현해 내는 방법으로 마음의 치유가 이뤄진다.

상처를 드러냄으로써 치료한 은수연 작가

임승수의 《삶은 어떻게 책이 되는가》에서 《눈물도 빛을 만나면 반짝인다》를 쓴 은수연 작가 이야기를 처음 알게 되었다. 그녀가 상상하기도 힘들 만큼 끔찍한 어린 시절을 보냈다는 것이다. 직접 책을 통해 그녀의 이야기를 접해보고 싶었다.

책 내용은 끔찍했다. 그녀가 책에서 쓴 것처럼 '상상하기도 싫을 정도로 재수 없고, 더럽고, 아프고, 힘든 일들'이 많았다. 친아버지가 9년간 성폭행과 폭력을 가한 것이다. 책을 제대로 읽어나가기가 힘들 정도다. 그걸 직접 경험한 은수연은 분명 죽음까지도 생각했을 것이다. 주변에 도움도 요청했다. 그러나 그들의 미숙한 일 처리와 비뚤어진 시선이 오히려 마음의 상처를 더 키웠다.

그녀는 어느 순간도 자포자기하거나 될 대로 되라 식의 생각을 한 적이 없었다고 한다. 죽을 만큼 힘든 시간에도 끝을 생각하지 않았다. 아무도 그녀 대신 인생을 살아줄 수 없음을 알고 있었다. 그래서 악을 쓰며 버틴 것이다. 악몽에서 벗어나기 위해 그녀는 글을 썼다. 치유를 위해 기억조차 하기 싫은 일을 다시 끄집어내며 키보드에 글을 담았다. 생각과 생각이 부딪쳐 곪은 데가 터지고 상처가 찢겨나갔다. 그때마다 자신을 다독이며 위로했다. 더 나빠지지 말자며 세상에 없을 것만 같은 긍정의 말을 찾아 헤맸다.

그녀에게는 글을 쓰는 것이 멘탈링이었다. 그러면서 강력한 내면의 힘을 갖게 되었다. 글을 쓰며 기억조차 하고 싶지 않은 일들을 모두 담아 떠나보낸 것이다. 그리고 그 글이 어둠 속에서 고개조차 들지 못한 채 숨죽여 흐느끼는 또 다른 성폭행 피해자들에게 위로와 격려를 주었다.

Deep Thinking 멘탈링

활자 중독에 생각 중독이었던 김대중 전 대통령

대한민국 제15대 대통령이자 대한민국 최초의 노벨상 수상자, 고 김대중 대통령.

그의 인생 역정은 널리 알려져 있다. 사형이 선고되어 교도소에서 수감생활을 한 적도 있다. 사형이 집행될 때까지 살아도 살아 있는 게 아니었을 것이다. 세상과 격리된 채 죽음을 기다리는 마음은 얼마나 무섭고 절망적일까? 불안과 초조, 두려움으로 매 순간을 버텨야 했던 그가 마음을 다스리기 위해 택한 것이 무엇인지 아는가? 바로 책 읽기와 생각여행이었다.

그는 생각여행을 즐기며 정신의 자유를 얻게 되면서 자연스럽게 신학과 역사책에 관심을 갖게 되었다. 책을 읽으며 마음의 평안을 얻게 된다는 것을 깨닫고는 닥치는 대로 책을 읽었다. 서양철학뿐 아니라 동양철학, 신학, 문학서적들을 탐독했다. 동양고전과 실학 서적을 읽으며 많은 것을 배워나갔다. 죽음에 대한 두려움과 세상과 단절된 극도의 정신적 고통을 생각여행과 책 읽기란 멘탈링으로 잘 이겨낸 것이다.

혹자는 김대중 대통령이 그렇게 책을 읽은 것에 대해 활자 중독이라고 평한다. 나는 하나 더 추가하고 싶다. 활자 중독뿐 아니라 생각 중독이기도 했다고.

나날이 더 나아지기를 소망한 잭 니클라우스

《공병호의 내공》에는 미국 프로골퍼인 잭 니클라우스 이야기가 소개되어 있다. 그는 남자 골프 세계 4대 대회를 휩쓸어 골프의 제왕이라 불린다. 그의 소망은 '나날이 더 나아지는 것'이라고 한다. 골프의 제왕이 되기 전에도, 골프의 제왕이 된 후에도 그의 소망은 '나날이 더 나아지는 것'이었다. 왜 세계 최고를 소망하지 않고 매일 더 나아지는 골퍼를 소망했을까?

그도 사람이니 연습을 하기 싫은 날도 있었을 것이다. 몸이 안 좋은 날은 쉬고 싶고 친구들이나 연인과 놀러도 가고 싶었을 것이다. 하지만 미래의 니클라우스는 현재의 니클라우스에게 쉬거나 놀지 말고 좀 더 분발하라고 멘토링을 했다. 그래야 미래에 골프의 제왕이 될 수 있기 때문이다.

당시의 니클라우스는 멘탈링을 통해 게을러지는 자신을 붙잡았다. 왜 이렇게까지 연습을 해야 하는지 의문을 가진 그에게 미래의 니클라우스가 멘토가 되었다. 그를 가장 잘 알고 그에게 가장 잘 맞는 골프 스윙을 알려줄 수 있는 사람은 다름 아닌 니클라우스 자신이다. 현재의 자신이 아니라 더 성숙하고 뛰어난 미래의 자신이다. 니클라우스는 미래의 자신에게 부끄러웠다. 더 열심히 하는 모습을 보여주고 싶었다. 그래서 최선을 다했다. 연습하고 또 연습했다. 그것이 골프의 제왕을 만들었다.

암묵지 멘탈링

생활의 달인들이 보여주는 몰입의 모습

SBS의 〈생활의 달인〉이란 프로그램을 재미있게 본다. 달인으로 선정된 사람들은 우리 주변에 사는 평범한 이들이다. 다만 자기 일을 수년에서 수십 년간 반복하면서 신기에 가까운 능력을 지니게 되었다.

호박 껍질을 숟가락으로 벗기는 달인, 떡볶이 떡을 잘 떼어내는 달인, 면발을 수타로 잘 뽑아내 식감을 극대화하는 달인, 타이어를 잘 굴리는 달인, 수건 포장의 달인, 라면을 좋아해 라면이 어떤 브랜드이며 어느 공장에서 만들어졌는지를 구별해내는 달인 등 정말 다양하다.

이들도 사람이다. 살면서 경제적 문제, 사람과의 관계로 인한 문제 등 힘든 일이 정말로 많았을 것이다. 마음이 무너지고 흔들려 포기하고 싶을 때도 분명 많았을 것이다. 하지만 먹고살기 위해 다시 직업 전선으로 돌아가야 했고 어제 했던 고된 작업을 오늘 또 해야 했다. 더욱 안타까운 일은 이렇게 힘든 일을 내일 또 반복해야 한다는 것이다.

보통 사람들은 여기서 좌절한다. 언제까지 반복적인 일을 해야 할지 알 수 없는, 앞이 보이지 않는 삶에 절망하여 포기하기 마련이다. 하지만 달인들에게는 공통점이 있다. 자신이 하루에도 수백 번, 수천 번을 반복해야 하는 일에서 마음을 다스리는 법을 깨우쳤다는 것이다. 더 빨리, 더 잘하기 위해 그 행동에 몰입하고 그런 과정을 오랜 시간 거치며 평정심을 찾는 멘탈링을 터득하게 된 것이다.

지속적인 작업을 계속하면서 몰입하고, 마침내 평정심을 유지하는 경지에 오르게 되는 이런 방법을 암묵지(暗默知) 멘탈링이라 한다.

오이겐 헤리겔 교수의 활쏘기

독일의 철학자인 오이겐 헤리겔 교수는 일본의 궁도 명인 아와 겐조로부터 6년간 활쏘기를 배웠다. 그리고 독일로 돌아가서 《마음을 쏘다, 활》을 출간했다. 활쏘기와 마음이 무슨 관계가 있기에 책까지 쓰기로 마음먹었을까?

어떤 이는 과녁에 명중시키기 위해 기술로서 활쏘기를 연마한다. 하지만 헤리겔 교수는 기술과 정신을 결합해 활쏘기를 연마했다. 그 결과 일종의 해탈을 경험했다. 과녁을 향해 활시위를 잡아당기고 호흡을 멈추며 완전히 활과 과녁에 몰입한다. 그리고 손가락을 펴며 활을 과녁으로 떠나보낸다. 과녁 정중앙에 꽂힐 때도 있지만 빗나갈 때도 있다. 하지만 이미 시위를 떠난 활에 미련을 갖지 않는다. 손가락을 편 순간 이미 활은 자신이 통제할 수 없는 존재가 되었음을 알기 때문이다.

활을 쏘는 것은 같은 행동을 반복하면서 마음을 안정시키는 방법 중 하나다. 또한 과녁에 활을 명중시키려는 목적을 동반해 몰입을 유도한다. 마음이 흔들리면 명중시킬 수 없다. 호흡을 가라앉히고 오로지 과녁과 활을 내 몸의 일부처럼 하나로 만들 때에만 명중되기 때문이다.

살아가면서 포기하고 싶은 순간이 많을 것이다. 활을 최고로 잡아당긴 그 팽팽한 순간이 지나면, 활시위가 느슨해지고 활이 나를 떠나듯이 마음의 짐을 떠나보낼 수 있다. 활이 가장 팽팽해진 그때 가장 몰입하고 집중해서 마음을 다스려야 한다. 그래야 과녁을 명중하는 좋은 결과를 기대할 수 있다. 활쏘기 역시 같은 행동을 반복하고 몰입을 유도해 마음을 다스리는 좋은 멘탈링 방법 중 하나다.

진정한 변화를 위한 멘탈링 일곱 단계

가장 좋은 멘탈링은 자신을 생각여행으로 이끄는 것이다. 그런데 그냥 이 생각 저 생각 하는 건 생각여행이 아니다. 잡념일 뿐이다. 생각여행은 사고의 폭을 넓히는 데 목적이 있다. 잡념만으로는 사고의 폭을 넓히기 힘들다. 제대로 오랜 시간 생각여행을 하도록 이끄는 무언가가 필요하다. 재미도 있고 몰입할 수 있는 무언가 말이다. 나를 가장 오랫동안 생각여행으로 이끈 건 책이었다.

혼자서 멘탈링하려고 하지 마라. 누군가의 도움을 받아라. 생각여행을 통해 당신에게 분명 도움을 줄 수 있는 수많은 멘토가 기다리고 있는데 왜 그들의 도움을 외면하는가?

책으로 멘탈링을 하려고 수백 권을 읽고, 세종대왕처럼 백독백습을 해야 경지에 오를 수 있다면 너무 힘들 것이다. 그러기에는 우리 직장인들이 너무 지쳤다. 쉽고 빠르게 결과를 얻을 수 있어야 한다. 자기계발을 위한 책 읽기, 천재가 되기 위한 책 읽기, 시험을 잘 치기 위한 책 읽기, 의무적으로 해야 하는 책 읽기가 아니라 생존을 위한 책 읽기, 살아남기 위한 책 읽기가 필요하다. 자신의 능력을 100퍼센트 활용하며, 시련이 와도 무너지지 않고, 자칫 그릇되게 폭발시킨 감정으로 평생 씻을 수 없는 멍에를 짊어지지 않게 하는 책 읽기가 필요하다. 그것이 바로 멘탈링이다.

나의 멘탈링 일곱 단계를 소개하겠다. 내가 선택한 방법은 책 읽기와 글쓰기였고, 그 방법을 제안하려고 한다. 결코 어렵거나 복잡하지 않다. 자연스럽게 단계를 밟아나가면 된다.

1단계: 부담 없는 책 한 권을 끝까지 읽어라

어릴 때는 책 읽기를 그렇게 좋아했는데 나이 들어서 책을 읽으려니 쉽지가 않았다. 어느 날 책을 한 권 샀는데 다 읽을 수가 없었다. 어려운 책도 아닌데 잘 읽히지 않았다. 읽다가 덮고, 한참 지나 다시 읽기를 반복했다. 그때 충격을 받았다. '나는 책 한 권도 제대로 읽어내지 못하는 사람이 되어버린 건가?' 이런 생각에 자신이 못나고 한심스러워 보였다.

그렇게 나는 책 한 권 읽어내는 데에도 어려움을 겪었다. 읽어도 내용이 머릿속에 잘 들어오지 않았다. 무슨 말인지도 도통 알 수 없었다. 눈은 책을 읽고 있는데 머리는 딴생각을 하고 있는 것이다. 그러니 책을 한 권 살 때마다 '다 읽을 수 있을까?' 하며 겁부터 났다. 혹시 이번에도 중간에 포기하지 않을까 싶어 상당한 부담감을 느꼈다.

책을 많이 읽는 독서광과 그렇지 않은 사람의 차이는 한 가지라고 생각한다. 바로 책 한 권을 다 읽을 수 있을까 하는 두려움이다. '돈을 주고 샀는데 읽다가 재미없으면 어쩌나', '다 읽지 못하고 중도에 포기하면 어쩌나' 하는 두려움 말이다. 그렇게 되면 책을 읽다가 '역시 책은 나하고 안 맞아' 하면서 구석이나 책장에 꽂아버린다. 조금 지나면 그런 책을 샀는지 기억도 못 하게 된다.

그런 두려움을 이기는 비결이 하나 있다. 다른 게 아니라 바로 습관이다. 책을 읽는 습관이 붙기 시작하면 책을 읽는 데 대한 두려움은 사라진다. 책 읽는 습관이 몸에 붙지 않은 사람에게 책 한 권을 다 읽는다는 건 여간 어려운 일이 아니다. 설령 다 읽었다 쳐도 다른 책을 또 읽으려 하지 않는다. 그러니 책을 멀리하게 되고 1년에 책 한 권 안 읽는 사람이 넘쳐나는 것이다.

독서 초보는 읽어도 책 내용이 머리에 잘 들어오지 않을 것이다. 눈은 책을 읽고 있는데 머리는 딴생각을 하기 때문이다. 서점에 가도 어떤 책을 읽을지 선택하기가 어렵다. 어떤 책이 좋은 책인지 잘 모른다. 그래서 베스트셀러를 하나 고른다. 그런데 내용이 실망스럽고 자신의 관심 분야도 아니다. 다시 책 읽는 걸 포기하기를 반복한다.

내 경우는 책 읽는 습관이 몸에 붙을 때까지 책을 거의 사지 않았다. 빌려서 읽었다. 도서관이나 동네 도서대여점을 이용했다. 도서대여점에서는 책값의 10퍼센트만 주면 빌릴 수 있다. 도서관은 무료로 책을 볼 수 있으니 읽다가 말아도 그만이다. 부담이 없다. 종류도 다양하다. 소설부터 자기계발서, 실용서, 에세이 할 것 없이 웬만한 책은 다 있다. 취향대로 골라 읽을 수 있다.

부담 없이 책을 읽는 게 책 읽는 습관을 들이는 데 좋다. 이렇게 해보자. 도서관을 예로 들어보겠다. 도서관에서 책을 서너 권(도서관마다 대여 권수가 다르다) 대출한다. 서로 다른 분야의 책을 고른다. 만약 일주일 동안 다 못 읽었다면 과감히 포기한다. 도서관에 반납하고 다시 새로운 책 서너 권을 대여한다. 그중에서 끝까지 다 읽는 책이 하나는 있을 것이다. 그러면 그런 류의 책을 또 읽는다.

나는 처음에 소설로 시작했다. 직업이 글로벌 마케터이다 보니 무역에 관한 소설에 끌렸다. 그런 책만 10여 권 읽었다. 그다음에 관심이 가는 게 '부자 되는 법' 같은 책이었다. 부동산 투자, 주식 투자, 재테크 관련 책을 닥치는 대로 읽어나갔다. 당시 주식 투자에 관심이 많아 주식으로 돈 버는 방법에 대한 책을 10여 권 읽었고 실제로 적용되는지 시험도 해보았다. 이런 식으로 관심 가는 분야의 책을 내 마음이 이끄는 대로 따라가면서 읽었다. 무료로 읽거나 큰돈 들이지 않고 읽을 수 있으니 부담 없었다. 읽다가 아니다 싶으면 다른 책을 읽었다. 어떤 책은 필요한 부분만 골라 읽었다. 이렇게 책 읽는 습관이 몸에 붙기 시작했다.

책 읽기가 습관이 되었는지 어떤지를 가늠하는 방법이 있다. 어디를 가든 책을 한 권 지니고 가는가를 보는 것이다. 출근할 때, 친구 만나러 갈 때, 고향에 내려갈 때, 심지어 화장실 갈 때에도.

책 읽는 습관을 들이는 것, 이것이 멘탈링의 첫 번째 단계다.

2단계: 생각을 유도하는 문구를 찾아라

책을 읽으며 한 가지 병행해야 할 게 있다. 읽으면서 괜찮은 문구나 재미있는 이야기가 있으면 표시하는 것이다. 메모를 해도 되고 책 귀퉁이를 접어도 된다. 정말 가슴에 심하게 와 닿는 것만 표시할 필요는 없다. 그런 것만 하다 보면 실제로 표시된 게 얼마 없을 수도 있기 때문이다. 조금이라도 가슴에 울림을 주고 다른 이에게 해줄 만한 이야기나 정보라면 상관없다. 뭘 표시할까 하는 생각을 하며 읽다 보면 집중이 더 잘 되고, 한번 표시하기 시작하면 표시할 내용이 제법 많아진다. 자기 책이라면 여백에 메모하고 낙서도 하며 부담 없이 표시를 해보라. 빌린 책이라면 페이지 귀퉁이를 조금 접어 표시를 해둔다. 이렇게 하는 이유는 책을 두 번 이상 읽는 효과를 거두기 위함이다.

학교 다닐 때를 돌아보자. 교과서를 한 번만 읽고 내용을 다 이해하고 기억할 수 있었나? 아마도 그러지 못했을 것이다. 수업 내용을 복습하면서 중요한 내용은 노트에 정리하곤 했다. 문제집을 풀 때도 마찬가지였다. 문제집 한 번 풀고 끝나는 게 아니다. 오답 노트를 만들어 시험 기간에는 오답 노트를 다시 읽고 외우며 공부한 내용을 점검했다.

책을 읽을 때에도 그래야 한다. 읽는 순간에는 신선한 충격과 잔잔한 울림을 주었던 내용이 책을 덮고 나면 생각이 잘 나지 않는다. 시간이 더 지나면 책을 읽었던 것 같긴 한데 어떤 내용인지 가물가물해진다. 그래서 나에게 도움이 될 만한 책의 내용을 발견하면 표시를 해두는 방법을 택했다.

3단계: 컴퓨터에 옮겨 적어라

《다산의 독서전략》에 보면 다산 정약용의 독서 방법이 소개되어 있다. 다산은 세 가지 방식으로 책을 읽었다. 첫째는 글을 아주 꼼꼼하고 자세하게 읽는다. 둘째는 메모하면서 읽는다. 셋째는 읽다가 중요한 구절이 나오면 종이를 꺼내 옮겨 적는다.

여기서 주목할 것은 세 번째 방법이다. 이렇게 책을 베껴 쓰는 작업을 필사라고 한다. 다산 정약용이 죽을 각오로 책을 읽을 때 중요하게 생각하고 실천했던 게 바로 이것이었다. 읽은 책을 베껴 쓰는 게 책을 두 번 이상 읽은 효과도 보면서 저자의 생각을 마음 깊이 담는 방법이라 믿었기 때문이다.

사실 나는 필사에 대해 잘 알지 못했다. 처음부터 필사를 할 목적으로 옮겨 적은 것도 아니었다. 다만 책을 읽으며 받았던 신선한 충격과 잔잔한 울림을 준 내용을 그냥 흘려보내는 게 안타까웠을 뿐이다. 그래서 책을 읽으며 표시해둔 내용을 옮겨 적기 시작했다. 종이나 노트에 필사하는 게 아니라 컴퓨터에 옮겨 적는 방식을 택했다. 그래야 정리가 쉬울 것 같았고 시간도 단축될 거라 생각했다.

컴퓨터에 옮겨 적으며 표시한 부분을 다시 읽으니 책을 두 번 읽은 셈이 되었다. 쭉 읽어나갈 때와는 다른 느낌을 받기도 한다. 간혹 내가 왜 이 부분에 표시를 해두었는지 의아스러울 때도 있다. 읽을 때는 분명 괜찮았는데 막상 필사를 하려니 왜 표시했는지 헷갈리는 것이다. 그러면 곰곰이 생각해본다. 그래도 이유를 찾지 못했다면 일단 필사를 해둔다.

어느 날 문득 신기하다는 생각이 들었다. 당시 나는 마음고생을 많이 하고 있을 때였다. 불안과 분노가 나를 괴롭히고 있었다. 그런데 컴퓨터에 책의 일부를 옮겨 적으면서 마음이 진정된다는 사실을 발견한 것이다. 한동안 겪었던 일로 힘들었는데 점점 마음의 상처가 치유되는 느낌을 받았다. 쿵쾅거리던 심장도 안정되고 얼굴을 벌겋게 만들던 혈압도 차분해졌다.

필사를 하는 데는 책을 두 번 이상 읽는 효과 외에 다른 목적도 있음을 알게 됐다. 다른 이의 말을 컴퓨터나 노트에 옮겨 적으며 수양을 하기 위함이다. 키보드로 한 자 한 자 옮기다 보면 마음이 진정되고 책을 읽어나갈 때 느끼지 못했던 새로운 감흥을 얻게 된다. 단어와 단어 사이, 행과 행 사이에 여백이 있다. 그 여백에 숨어 있는 무언가를 발견하게 된다. 이게 바로 행간을 읽는 것이다.

독서법에 관한 책을 쓴 거의 모든 저자가 필사를 적극 추천한다. 그 이유가 무엇이겠는가? 필사를 통해 얻을 수 있는 것이 매우 크기 때문이다. 다산 정약용은 자식들뿐 아니라 제자들에게도 초서(중요한 구절이 나오면 종이에 옮겨 적는 것)를 특별히 강조했다. 처음에는 옮겨 쓸 내용이 많지 않을지도 모른다. 읽은 책의 수가 많아질수록 옮겨 쓸 내용이 더 많이 보인다. 저자의 생각을 배우고 그의 철학과 내면, 통찰력을 이해하게 된다.

마땅히 옮겨 적을 책이 없다면 이 책을 베껴 써보는 건 어떨까? 종이에 하든 컴퓨터에 하든, 처음부터 끝까지 통째로 옮겨 적는 것이다. 그러면 독자는 나와 공감대를 형성하고 이 책을 더욱더 깊이 이해하게 될 것이다.

4단계: 10분 강의를 하라

《자유론》을 쓴 영국의 철학자이자 정치경제학자 존 스튜어트 밀은 아버지로부터 전문적인 독서 교육을 받으며 자랐다. 그는 또래 아이들과 어울려 놀지 못하고 역사와 철학서를 읽어야 했다. 책을 읽은 데서 그치는 게 아니라 아버지와 매일 아침 산책을 하면서 전날 읽은 책에 대해 이야기를 나눠야 했다. 그래서 그는 앞서 제시한 2단계와 3단계처럼 책을 읽는 동안 중요하거나 아버지에게 이야기해줄 내용을 종이에 옮겨 적었다. 그리고 그걸 보면서 다음 날 아침 산책길에서 아버지에게 설명을 해준 것이다.

중학생인 아들의 공부를 가끔 도와준다. 시험 기간이 되면 공부한 내용을 아빠인 나에게 설명해보라고 한다. 잘못 이해하거나 모르는 내용은 같이 공부하면서 알아간다. 아들은 공부한 내용을 말로 설명하면서 어설프게 알고 있던 것을 명확하게 이해하곤 한다.

책을 읽고 필사를 한 후에 나는 누군가에게 10분 강의를 한다. 필사한 내용을 출력해 몇 장씩 들고 다니며 읽는다. 재미있는 내용은 다른 사람들에게 들려준다. 동료와 밥 먹을 때, 가족과 저녁 식탁에서, 친구들과 커피숍에서 수다 떨 때, 술 한잔하는 자리 등에서다. 무슨 말을 할지, 어떻게 말해야 상대에게 먹힐지 고민하면서 준비한다.

처음에는 상황에 맞지 않을 수도 있고 궤변이라거나 말도 안 된다는 핀잔을 받기도 한다. 개의치 마라. 책에서 읽은 좋은 말을 하면서 상대의 반응을 지켜보라. 회사에서 써먹었던 말을 집에 와서 가족에게도 써먹어 보라. 어떻게 설명하니까 상대가 공감하면서 고개를 끄덕였는지 기억하라.

후배나 동생들에게 강의를 한다는 생각으로 준비하라. 대상을 정해놓으면 더 좋다. 나는 특히 가족과 팀원들, 그리고 가장 친한 친구를 대상으로 정했다. 짧게 10분짜리 강의여도 상관없다. 책에 나와 있는 좋은 문구와 이야기를 곁들여 강의를 하라. 상대는 강의인지 모르지만 자신은 강의를 하는 것이다. 사례나 이야기를 먼저 하고 거기에 맞는 내 생각을 설명하는 식으로 하면 된다.

남을 가르치는 희열이 얼마나 큰지 아는가? 남을 가르치면서 자신이 배운다. 그러면서 부족한 무언가를 채우고 싶다는 욕구가 뜨겁게 올라온다. 그러면 더 높은 수준의 책을 읽고 싶어진다. 사람들에게 충격을 줄 수 있을 만큼 멋진 문구, 어려운 이론을 공부하고 싶다는 욕심이 생긴다.

말을 어떻게 해야 할지 잘 모르겠다면 다음의 단계를 활용해보자.

1. 이야기 주제 또는 화제와 관련이 있는 유명한 사람의 말이나 책에서 읽었던 문구를 제시한다.
2. 적절한 사례를 이야기 식으로 풀어간다.
3. 사례를 통해 얻을 수 있는 교훈이나 특별한 감정을 얘기한다.
4. 상대방은 이 이야기에 대해 어떻게 생각하는지 물어본다.

5단계: 글을 써라

책을 많이 읽고, 대상에 대해 두루 깊이 있게 생각하고, 컴퓨터에 옮겨 적고, 10분 강의를 하는 멘탈링 단계를 꾸준히 밟다 보면 한 가지 새로운 마음이 들게 된다. 바로 글을 쓰고 싶다는 마음이다. 그냥 하루의 일상을 쓸 수도 있고, 아니면 책을 쓰고 싶어질 수도 있다.

책에서 읽은 좋은 문장과 문구를 컴퓨터에 옮겨 쓰다 보면 작가의 생각과 다른 의견이 생길 때도 있다.

'작가는 이런 생각을 했지만 내 의견은 조금 달라.'

그러면서 자기 생각을 작가의 글 옆에 몇 자 또는 몇 줄 써버릇하게 된다. 그게 쌓이면 자신의 시각에서 바라본 세상을 글로 써보고 싶다는 충동이 생기게 마련이다.

글을 써라. 글은 생각을 조리 있게 해준다. 내면의 목소리를 글로 옮겨보라. 솔직히 생각보다 쉽지는 않다. 말로 하라고 하면 잘할 것 같은데 글로 쓰려니 잘 안 된다. 또 글이라는 것에는 한계가 있기에 모든 생각을 표현할 수도 없다. 그래도 글을 쓰는 이유는 그렇게라도 해야 조금이라도 생각의 조각을 맞출 수 있기 때문이다.

책을 내기 위한 글쓰기를 하라는 건 아니다. '알기 때문에 글을 쓰는 게 아니라 알기 위해 글을 쓴다'는 유명한 말도 있다. 멘탈링에서 글쓰기는 나를 찾아가는 생각여행에서 또 하나의 중요한 도구다. 내면의 목소리로 국한되었던 생각여행을 글로 만들어보는 것이다.

내 이야기도 좋고 다른 이의 이야기도 좋다. 친구들과 수다 떨다 들었던 재미있는 이야기도 상관없다. 그냥 내용만 적어도 된다. 거기서 느꼈던 감정, 감동을 덧붙이면 더욱 좋다. 내가 살았던 이야기를 자서전 형태로 써보라. 다른 이에게 보이기 위한 자서전이 아니라 나를 찾아가는 생각여행의 수단으로 자서전을 써보는 것이다.

쓰면서 느낄 것이다. 매 순간 최선의 결정을 했지만 돌아보니 많이 얽혀 있다는 것, 지금 고민하고 있는 것이 나중에는 평범한 선택이라는 것을 알게 될 것이다. 책은 자신을 아는 계기가 되고 글은 자신을 돌아보는 계기가 된다. 나에 대한 모든 것이 객관화되고 나의 치부가 그대로 드러난다.

글도 자꾸 쓰다 보면 더 잘 쓰고 싶은 욕심이 생긴다. 글을 잘 쓰는 비결을 담은 책들도 필사할 것을 적극 추천한다. 조 비테일의 《꽂히는 글쓰기》를 보면 글쓰기 수업을 받는 사람들에게 자신이 좋아하는 글을 선택하여 일일이 베끼라고 가르친다고 한다. 예컨대 마크 트웨인을 좋아한다면, 그의 글을 베껴씀으로써 그가 경험했던 것과 동일한 경험을 얻을 수 있기 때문이다. 저자가 글을 쓰면서 느꼈던 감정도 비슷하게 느낄 수 있다.

당신은 이미 멘탈링 3단계에서 글 잘 쓰는 비결을 경험하고 연습했다. 글을 잘 쓸 수 있는 자질을 충분히 갖춘 셈이다. 겁먹지 말고 자신 있게 쓰자.

6단계: 성숙한 미래의 나를 만나라

의학의 아버지 히포크라테스는 말했다. "진정한 의사는 당신의 마음속에 있다."

멘탈링의 핵심은 책 읽기가 아니다. 책은 하나의 도구일 뿐이다. 어떤 방법이라도 상관없다. 깊은 생각여행을 통해 내면이 성숙한 나를 찾아갈 수 있으면 된다. 나는 여러 방법을 시도해보았지만 책을 통한 생각여행이 가장 잘 맞았다. 책에 담긴 글자와 글자, 행과 행 사이에 숨어 있는 여백이 생각여행의 통로였다.

나는 지하철에서 책 읽는 것을 좋아한다. 가장 집중이 잘 된다. 책을 읽다가 문득 나도 모르게 깊은 생각여행을 하고 있는 나를 발견하게 된다. 페이지가 넘어가지 않아도 된다. 저자의 통찰을 빌려 내가 생각여행을 하면 된다. 책 읽는 게 목표가 아니기 때문이다. 책은 나를 발전시키고 성숙시키며 현재의 나보다 훨씬 뛰어난 미래의 나를 만나러 가는 도구에 불과하다. 그렇다고 그 도구를 무시할 수는 없다. 나 스스로 여행을 갈 능력이 되지 못하니 책의 힘을 빌려야 한다.

빨리 가는 건 중요하지 않다. 멀리, 가능한 한 멀리 가는 것이 중요하다. 여행을 통해 성숙한 나를 만나라. 그리고 대화를 나눠보라. 나의 부족한 점이 무엇이며 더 발전시킬 점이 무엇인지 물어라. 간혹 '성숙한 나'는 '지금의 나'를 칭찬해주기도 한다. 때로는 나를 야단치기도 한다. 지금 그렇게 사는 것은 미래의 나를 위해 정말 잘하는 행동이라고 칭찬을 해주는 한편, 지금의 그 행동은 미래의 나에게 해를 끼치는 정말 잘못된 행동이라고 따끔하게 지적하기도 한다. 나를 가장 잘 아는 나에게 멘토링을 받는 것이다. 즉, 미래의 내가 현재 나의 멘토가 되는 것이다.

10분 후의 나에게 멘토링을 받는다고 가정하자. 지금의 나와 10분 후의 나는 얼마나 변화했을까? 약간의 변화는 있을지언정 큰 변화를 기대하기 힘들다. 내 문제를 잘 알지만 대단한 멘토링을 기대하기는 어렵다. 생각의 변화도 있기는 하겠지만, 크지 않을 것이다. 그러니 10분 후의 나에게 멘토링을 기대하기는 어렵다.

책 하나를 일주일간 읽었다면 이야기가 조금 달라진다. 사고의 변화가 생기고, 내가 알지 못했던 새로운 지혜를 얻게 된다. 그러면 일주일간 일어난 그 사고 변화로 나에게 멘토링을 해줄 수 있다. 일주일

후에 변화된 사고를 가진 나에게 멘토링을 받기 위해 나는 지금 한 권의 책을 읽고 있는 것이다.

7단계: 삶의 의미를 찾아라

성숙한 미래의 나를 만나는 길에서 삶의 의미를 찾아라. 미래의 나는 현재의 내가 어떻게 살아야 하는지 잘 안다. 어떤 걸 더 열심히 배우고 행해야 하는지 어떤 걸 해서는 안 되는지 잘 안다. 미래의 내가 현재의 나를 원망하지 않도록 현재의 내가 무엇을 해야 하는지 안다. 그래서 미래의 나를 찾아가 멘토링을 받으면 내가 앞으로 살아가야 할 의미를 찾게 될 것이다. 왜 살아가는지, 왜 이 일을 하는지, 왜 가족들을 사랑하고 소중하게 생각해야 하는지 알아내라. 그리고 자신이 얼마나 소중하고 가치 있는 사람인지도 알아내라.

KBS 〈해피투게더〉란 프로그램을 가끔 보는 편이다. 가수 아이유가 출연한 적이 있다. 〈최고다 이순신〉이란 드라마에 주인공으로 캐스팅되었을 때였다. 그녀는 더 나은 연기를 위해 고민을 하고 있었다고 털어놓았다. 그런 아이유에게 상대역인 조정석이 지나가는 말로 한마디 던졌던 것이 큰 도움이 되었다고 한다. 조정석이 "연기는 진정성을 보여주는 거야"라고 말했다고 한다. 억지로 웃기거나 슬프게 하려고 하지 말라는 조언이다.

멘탈링 또한 진정성 있게 해야 한다. 억지로 멘탈링하지 마라. 생각여행을 억지로 할 수는 없다. 책을 읽다가도, TV를 보다가도, 친구들과 수다를 떨다가도 할 수 있는 게 생각여행이다. 생각이 생각을 물고 이어지는 것이다. 그걸 어떻게 억지로 할 수 있을까?

친구들과 수다를 떨다가 "야, 너 왜 멍 때리고 있어?"라는 말을 들으면 자신 있게 말하라. "응, 나 잠시 생각여행 중이었어."

멘탈링은 나를 찾는 과정이다. 억지로 나를 찾으려고 하지는 마라. 하다가 하기 싫으면 멈추기도 하라. 그리고 다시 시도하라. 생각여행은 정말 재미있다. 누구도 같이 갈 수 없는 나만의 여행이다. 한 편의 드라마, 한 편의 영화다. 때론 그림이 되기도 하고 때론 음악이 되기도 한다. 그 너머에 있는 성숙해진 나를 찾아 떠나는 여행이다. 1년 후의 나일 수도 있고, 10년 후의 나일 수도 있다. 지금보다는 훌륭한 나를 찾아가야 한다.

그러기 위해서는 미래의 나를 위해 지금의 나를 더 담금질하며 최선을 다해야 한다. 내가 섭취한 음식물로 내 몸이 만들어졌듯이 내가 읽은 책과 내가 겪은 일들이 내 의식을 만든다. 드러나지 않아도 어딘가에 흡수되어 있다.

멘탈링을 통해 내 삶의 의미를 찾는 것, 이 얼마나 멋진 일인가? 조금 더디면 어떤가. 분명히 찾게 될 것이다.

멘탈링 일곱 단계는 한 번 하고 끝나는 것이 아니다. 책을 읽을 때마다 멘탈링을 시도할 때마다 새롭게 단계를 밟아나가는 것이다. 책을 통한 멘탈링을 한다면 자연적으로 책의 수준이 점차 높아질 것이다. 더 성숙해진 미래의 내가 끊임없이 좋은 책과 긍정적인 생각여행으로 이끌어줄 것이기 때문이다. 높은 수준의 책을 읽고 더 고차원적인 생각여행을 하고 싶다는 욕구, 그것이 바로 미래의 나로부터 멘토링을 받고 있음을 증명하는 것이다. 왜냐면 미래의 내가 지금의 나를 그냥 내버려두지는 않기 때문이다.

5장

현재의 꿈이 미래의 당신이다

평정심을 단련시키는 생각여행

생각여행이 해내는 일들

사람들에게 오해를 많이 받는 편이다. 길을 걸어가면서 생각에 골똘히 잠긴 적이 많다. 생각여행을 하기 때문이다. 그런데 누군가 나를 뒤에서 잡아챘다. 아는 사람이다. 그가 말하길 지나가다 내가 눈이 마주쳤는데도 그냥 모르는 척 지나가더라는 것이다. 그래서 내 옷을 잡으며 무슨 일이 있나 하며 말을 걸었던 것이다.

"아니, 어떻게 사람이 부르는데도 모르는 척 지나갈 수 있어요? 도대체 무슨 생각을 그렇게 골똘히 하시는 거예요?"

이런 일이 자주 있다. 아는 사람과 눈이 마주쳤는데도 그냥 지나가더라는 말을 나중에 들은 적도 많다. 그러니 오해를 살 때가 종종 있다. 나로서는 난감한 일이다. 왜 이런 일이 일어날까?

내 취미는 생각여행이다. 사람들에게 "내 취미는 생각여행이에요"라고 말하면 아마 미친놈 취급할 것이다. 그래서 누군가 취미를 물어보면 독서라고 말한다. 무언가 생각에 빠지는 걸 좋아한다. 주변 상황은 무의식에 맡겨둔 채 의식으로 생각여행을 한다. 눈에 힘을 빼고 초점은 40도 정도 아래를 맞추면 생각여행을 떠날 준비가 된다. 소위 멍 때리는 모습이다.

불안한 마음이 있으면 멍 때리기도 쉽지 않다. 몸과 마음의 긴장은 생각여행을 방해한다. 생각여행을 할 수 있다는 건 몸과 마음을 이완시킬 수 있다는 말이다. 그렇게 되면 차분한 상태가 된다. 이것도 연습을 하면 금방 익숙해진다.

어딘가에 머리만 붙이면 금방 잠이 드는 사람이 가장 부럽다. 나는 정말 피곤한 때가 아니면 금방 잠이 들지 못한다. 예민한 성격인 것도 있지만 생각이 많다. 침대에 누워서 눈을 감고도 한참 생각여행을 해야 잠이 든다. 그날 있었던 일을 생각해보고 내일 무엇을 할지 계획도 짜본다. 이 생각 저 생각 하다 보면 미처 생각하지 못하고 놓쳤던 것을 찾아내기도 한다.

쉬기 위해 편안히 눈을 감고 하루를 마감하는 그 시간이 정말 행복하다. 생각에 생각을 물고 끊임없이 갈 것 같은 여행은 꿈으로 이어지기도 한다. 깨어서 생각한 것인지 꿈에서 생각한 것인지 그 경계가 모호하기는 하다. 그래도 상관없다. 어차피 내가 하는 여행이니까.

하루는 중학생 아들이 학교에서 자서전을 쓴다는 것이다. 글 쓰는 요령을 가르치기 위한 과정이라고 생각한다.

아들은 일단 연보를 만들었다. 태어난 순간부터 기록한다. 그리고 한 살, 두 살 때 어떤 일이 있었는지 적는다. 어린이집, 유치원 다닐 때 재롱잔치를 했던 일, 그때 할머니가 손자의 재롱잔치를 보며 감격에 겨워 눈시울을 붉힌 일 등을 적는다. 아들은 15년간 있었던 일을 되새겨보니 나름대로 재미가 있는 모양이다.

연보에서 중요 키워드 몇 개를 선정한다. 그리고 키워드를 중심으로 마인드맵을 작성한다. 아이에게 중요한 일이 그 키워드가 된다. 피아노라는 키워드를 선택한다. 피아노와 연계된 일이 무엇이 있었는지 생각을 떠올려본다. 오케스트라, 〈River flows in you〉(피아니스트 이루마의 곡으로 아들이 초등학교 5학년 때 완주를 한 뒤 피아노에 자신감을 얻었다), 실용음악학원, 외할머니의 피아노 선물, 하루 5분 연습, 악보집, 학교 축제 등을 써나간다. 피아노란 키워드 하나를 가지고 대여섯 개의 관련어를 적는다. 그 관련어에 또 다른 관련어를 이어나간다. 피아노에서 파생된 일만 해도 40개 이상이 떠오른다. 아들이 자서전을 쓰면서 40개의 일이 이야깃거리가 된다. 각각의 이야기를 모아 정리하면 자서전이 완성된다. 아들은 어렵게만 여겼던 글쓰기가 그다지 어렵지 않구나 느끼게 되었다.

생각여행도 마인드맵과 유사하다. 하나의 키워드를 가지고 관련된 일들을 생각해보는 거다. 종이에 쓰지만 않았지 다양한 생각이 꼬리에 꼬리를 물고 끝없이 이어진다. 과거의 기억을 더듬기도 한다. 현재의 문제를 되짚어보며 스스로 반성하기도 하고 칭찬하기도 한다. 앞으로 있을 일들을 예측하며 더 좋은 해결책을 모색하기도 한다. 미래에 대한 걱정이 들면 긍정적으로 생각하며 마음속으로 파이팅을 외쳐본다.

내면의 목소리로 생각여행을 이끌다

이 책을 읽으면서 잘 생각해보라. 이 글을 소리 내어 읽지 않아도 당신은 자기 목소리로 읽고 있다. 당신의 말투와 목소리로 읽고 있는 것이다. 사투리를 쓰는 사람은 사투리로 읽고 있을 것이며, 여자라면 여자 목소리로 읽고 있을 것이다. 성대를 울리지 않아도 나오는 목소리가 바로 내면의 목소리다. 누구도 내면의 목소리 없이 책을 읽을 수 없다. 내면의 목소리를 내지 않고 책을 읽어보라. 눈은 글자를 보지만 무슨 의미인지 알지 못한다. 책을 읽긴 했는데 무슨 내용인지 기억이 나질 않는다면 그건 내면의 목소리로 읽지 않고 눈으로만 읽었기 때문이다. 눈은 책을 보지만 내용은 인지하지 못한다. 학생들이 책상에 오래 앉아 있으면서 성적이 잘 나오지 않는 것도 내면의 목소리로 집중해서 공부한 게 아니라 눈으로만 공부를 했기 때문이다. 즉, 생각이 딴 데 가 있었다는 것이다.

생각도 마찬가지다. 생각을 하는 데에도 내면의 목소리가 필요하다. 말하지 않아도 말을 하고, 성대를 울리지 않아도 말을 할 수 있게 하는 것이 내면의 목소리다.

내면의 목소리로 말을 하는 것이 의식이다. 내면의 목소리로 하나하나 인식하지 않으면 그것은 무의식이다. 내면의 목소리로 말하지 않고 사물을 바라보면 그냥 있는 그대로 받아들인다. 아무런 각색이 필요하지 않다. 무의식을 의식으로 끄집어내는 행위가 내면의 목소리로 말을 하는 것이다.

윌리엄 진서는 《글쓰기 생각쓰기》란 책에서 "생각할 때보다 잠재의식 상태에서 더 많은 글을 쓴다"고 했다. 이게 무슨 말일까? 글을 쓸 때면 당연히 생각을 하면서 써야지 잠재의식 상태에서 더 많은 글을 쓸 수 있다니 신기하다. 그가 말하고자 한 것은 잠재의식, 즉 의식과 무의식 사이에서 자신이 가지고 있는 잠재력을 끄집어냈다는 것이다.

의식하면서 글을 쓰면 억지 글밖에 써지지 않는다. 마치 신이 들린 듯 저절로 생각이 떠올라 손가락을 통해 글을 써내려가는 것이 대작을 만드는 길이다. 의식 상태에서 글을 쓰면 독자들이 공감하지 않는다. 하지만 무의식 상태에서 내면 깊숙이 숨어 있던 새로운 무언가를 끄집어낼 수 있을 때 대중이 공감하게 된다.

아인슈타인 같은 천재도 자신의 뇌를 10퍼센트도 사용하지 못했다는 말을 했다. 그가 뇌를 사용한다는 말이 어떤 의미일까 생각해 보았다. 그가 말한 뜻은 뇌의 기능을 10퍼센트밖에 사용하지 못했다는 말이 아니다. 자신이 가진 잠재력을 10퍼센트밖에 사용하지 못했다는 말이다. 아인슈타인은 "지식보다 중요한 것은 상상력이다"라고 말했다. 읽고 외워서 가진 지식보다 생각여행을 통해 끝이 없는 상상을 한 것이 아인슈타인 같은 천재를 만들었다. 그는 생각여행을 하면서 자신이 가지고 있던 물리 문제를 풀었을 뿐 아니라, 지구를 대기권 밖에서 바라보기도 했고 태양의 입장에서도 바라보았다. 그리고 태양계를 벗어나 우주 전체를 아우르는 생각여행도 했다. 그리고 마침내 우주의 비밀을 하나씩 풀어나갔다.

미래의 나를 만난다

멘탈 타임머신

어릴 때 〈백 투 더 퓨처〉란 영화에 미친 적이 있었다. 로큰롤과 스케이트보드를 좋아하는 마티 맥플라이는 평범한 고등학생이다. 평소 친하게 지내던 괴짜 발명가 에메트 브라운 박사가 스포츠카를 개조한 타임머신을 만들었는데, 괴한의 총격에 사망하고 만다. 위험에 빠진 마티는 스포츠카를 몰고 도망치지만 타임머신이 작동해 30년 전으로 가게 된다. 거기서 결혼 전의 엄마와 아빠를 만난다. 소심한 아빠가 엄마에게 고백을 못 해 마티는 시간과 공간의 오류로 사라질 위기에 처한다. 그러다 양아치 같은 비프가 차에서 엄마를 겁탈하려 하자 아빠가 용기를 내어 비프를 때려눕히고 결국 엄마를 차지하게 된다. 다시 미래로 돌아와야 하는 마티는 과거의 브라운 박사에게 도움을 받아 번개의 에너지를 이용해 무사히 미래로 돌아오게 된다는 내용이다.

1985년에 제작된 영화라고는 믿기 힘들 정도로 탄탄한 구성과 시간여행이라는 독특한 소재가 매력적인 작품이었다. 이후로 2편과 3편이 나왔고 속편들 또한 재미있게 봤다. 내가 그 영화를 처음 봤을 때의 나이가 된 내 아들도 그 영화에 홀딱 빠졌다.

당신은 타임머신이 있다고 생각하는가? 의견이 분분할 것이다. 과학자들은 이론적으로는 타임머신의 발명이 가능하다고 한다. 하지만 우리는 아직까지 타임머신을 본 적도 없고, 타임머신을 타고 온 사람도 보질 못했다. 그래서 대부분이 영원히 불가능하거나 아니면 타임머신이 만들어지기 전에 인류가 멸망하지 않을까 생각한다.

나는 개인적으로 타임머신이 있다고 믿는다. 다만 우리가 생각하는 형태와 다를 뿐이다. 타임머신이라고 하면 보통은 어떤 기계를 타고 시간을 거슬러 빠른 속도로 이동하는 것만 생각한다. 하지만 내가 생각하는 타임머신은 육체의 이동이 아니라 정신의 이동이다. 즉, 지금의 내 몸이 타임머신을 타고 20년 전이나 20년 후로 이동하는 것이 아니라 지금의 내 정신이 20년 전이나 20년 후로 이동하는 것을 말한다. 앞서 몇 번 언급했듯이, 나는 그것을 멘탈 타임머신이라고 부른다.

당신이 멘탈 타임머신을 타고 과거의 나에게 갈 수 있다면 어떤 말을 해주고 싶은가? 〈백 투 더 퓨처〉처럼 스포츠 경기 결과가 나와 있는 잡지를 주고 싶은가? 그래서 과거의 나를 부자로 만들고 싶은가?

지금의 나는 과거의 나보다 연륜과 경험, 지혜라는 측면에서 더 낫다. 왜냐면 지금 후회하는 일들이 많기 때문이다. 그렇다고 후회스러운 삶을 살았다는 건 아니다. 매 순간 최선의 선택을 했다고 자신 있게 말할 수 있다. 그런데 왜 후회하는 일들이 많으냐고?

우리는 끊임없이 변하는 존재다. 변하고는 있는데 어느 방향으로 변하느냐가 중요하다. 과거의 나는 최선의 선택을 했지만 방향이 잘못된 게 많았다. 당시에는 최선이었지만 결과를 알고 난 후에 바라보니까 최고의 선택은 아니었다는 얘기다. 그래서 과거의 나를 찾아간다면 조언해줄 게 많다.

그렇지만 지금부터는 과거에 연연하지 말고 미래를 바꾸기로 하자. 이제부터라도 최선뿐 아니라 최고의 선택과 결정을 하는 사람이 되면 된다. 멘탈 타임머신을 타고 미래의 나를 찾아가자. 육체의 이동이 아니라 정신의 이동으로 시간여행을 한다. 미래의 나를 찾아가 과거의 나에게 조언을 해주듯이 지금의 나를 위한 조언을 구하자. 더 나은 삶을 살 수 있도록.

미래의 나로부터 조언을 받으려면 최소한 지금의 나보다는 더 나은 내가 되어 있어야 한다. 그러려면 현재의 나는 더 나은 미래의 나를 만들기 위해 현재에 충실하고 최선을 다해야 한다. 그래야 지금의 나에게 적절한 최선의 조언을 해줄 수 있다. 지금 잘못된 결정을 내렸다는 말은 미래의 내가 지금의 나보다 못한 상황에 처해 있을 수 있다는 말이다. 10년 후의 나라면 지금 나의 행동에 대해 어떤 말을 할까? 미래의 내가 지금의 나를 찾아와 조언을 하게 하려면 지금의 나에게 충실한 삶을 살게 해야 한다. 미래의 내가 나의 멘토가 되도록 말이다.

멘탈링의 최종 목적지는 나를 만나는 것

"바보라도 자기 집의 사정은 현자보다 더 많이 알고 있다." 스페인 속담이다.

나를 가장 잘 아는 사람은 누구일까? 부모님? 아내? 아니면 가장 친한 친구? 아니다. 나를 가장 잘 아는 사람은 나다. 내가 어떤 문제에 부딪혔을 때 그 문제에 대해 주위 사람들이 충고나 조언은 해줄 수 있다. 그러나 가장 적절한 해결책을 제시하지는 못한다. 그 문제에 대해 가장 고민을 많이 하고 모든 상황을 알고 있는 사람은 그들이 아니라 바로 나이기 때문이다. 나에게 가장 적절한 해결책을 제시하거나 충고, 조언을 할 사람은 나 외에 아무도 없다.

그러니 현재 내가 가지고 있는 문제를 해결하려면 나에게 물어야 한다. 여기서 나란 누구를 말하는 것일까? 과거의 나, 현재의 나를 말하는 게 아니다. 미래의 나를 말한다. 그것도 현재와 별반 다를 것 없는 그런 내가 아니라 훨씬 더 성숙하고 지혜로운 나 말이다.

더 나은 미래를 원한다면 미래의 나를 찾아 나서야 한다는 도전이 필요하게 되었다. 그럼 무조건 열심히 일하고 열심히 살면 훨씬 더 성숙하고 지혜로운 나를 만나게 될까? 그건 아니다.

미래의 나를 찾아가는 행위가 생각여행이다. 의식을 통해 무의식을 끊임없이 자극한다. 꼬리에 꼬리를 물고 어떻게 살아가야 하나 하는 고민을 하면 생각하지 못했던 세계로 가게 된다. 살면서 느끼지 못했고 알지도 못했던 새로운 지혜를 발견하게 된다. 꾸준한 생각여행이 이를 가능하게 한다. 여기에다 수많은 사람의 도움을 받으면 더 빨리, 더 멀리 갈 수 있다. 그게 책이다. 책을 읽고 그들의 생각여행을 따라가는 경험을 쌓으면 된다. 책은 내 생각여행을 최대한 도와준다.

시험 볼 때 모르는 문제가 나오면 이런 생각이 간절하다. '힌트 하나만 있었으면…' 인생을 살면서도 이런 힌트가 절실할 때가 있다. 중요한 결정을 앞두고 있을 때다. 고민을 해도 어떤 게 가장 좋은 결정일지 모르겠고, 시간이 지나봐야 결과를 알 수 있는 문제가 많다. 미래의 나에게 그 힌트를 얻는다면 인생을 살아가기가 한결 수월해질 것이다.

미래의 나는 대학생이 초등학교 시험을 볼 정도로 이미 수준이 달라야 한다. 출제자의 의도까지 파악하는 수준이 되어야 한다. 미래의 나는 현재의 나를 내려다보며 확실한 해결책과 방향을 제시하고, 조언과 충고를 해줄 정도로 대단한 정신의 소유자가 되어 있어야 한다. 따라서 열심히 삶을 살되 생각여행을 해서 미래의 나를 찾아가라.

이게 무슨 뚱딴지같은 소리냐고? 《쇼펜하우어와 니체의 문장론》에서 니체도 이와 비슷한 뚱딴지같은 소리를 한 흔적을 엿볼 수 있다.

"나도 오디세우스처럼 저승에 다녀온 적이 있다. 몇 사람의 망자와 대화하려고 수양을 제물로 바쳤을 뿐 아니라 피도 아끼지 않았다. 내 제물을 받아준 사람들은 플라톤과 루소, 에피쿠로스와 몽테뉴, 괴테와 스피노자, 그리고 파스칼과 쇼펜하우어였다."

그는 현자들의 조언을 받으려고 끊임없이 수양을 했다. 우리가 현자들과 접촉할 수 없다면 미래의 나를 만나는 건 어떨까?

나를 가장 잘 아는 미래의 나는 나에게 가장 좋은 멘토다. 가장 정확하게 나의 문제를 지적하고 해결책을 제시할 것이다. 그렇게 하려면 지금보다 훨씬 성숙한 나를 만들어야 한다. 당신이 방탕하고 본능적인 삶을 살고 있다면 미래의 내가 지금보다 훨씬 성숙해 있을 거라 기대할 수 있을까? 결코 그렇지 않다.

미래의 나로부터 멘토링을 받는다고 가정하자. 공짜로 받을 것인가? 아무리 내가 나에게 멘토링을 한다지만 세상에 공짜가 어디 있나? 미래의 나에게 멘토링을 받을 때에는 그에 합당한 대가를 주어야 한다. 그 대가는 바로 당신이 지금 하는 행동들이다.

미래의 내가 지혜로워지려면 어떻게 해야 할까? 책을 많이 읽고 사유를 즐기며 정신적 발전을 이루어야 한다. 미래의 내가 부자가 되려면 어떻게 해야 할까? 돈이 필요하다. 부자가 되기 위한 밑천이 있어야 뭘 해도 할 수 있지 않겠는가. 그러니 지금 부지런히 돈을 벌고 모아야 한다. 미래의 내가 좋은 아빠(엄마)로 기억되려면 어떻게 해야 할까? 자식들을 한껏 사랑해야 한다. 아빠(엄마)가 자기를 사랑한다는 것을 진심으로 느끼게 해주어야 한다.

그렇다. 바로 지금이다. 미래에 더욱 성숙하고 지혜로우며 사랑이 가득한 당신을 만드는 것은 지금 당신에게 달려 있다. 지금 최선을 다하는 것이 미래의 당신으로부터 멘토링을 받을 수 있는 합당한 대가인 것이다. 그래야 그로부터 충분히 멘토링을 받을 수 있는 자격이 생긴다.

멘탈 타임머신을 타고 미래로 가자. 그래서 미래의 나를 만나자. 육체의 이동이 아닌 정신의 이동, 그것이 멘탈 타임머신이다. 생각여행을 통해 꾸준히 무의식을 자극하고 발전시키면 멘탈 타임머신을 통해 미래의 나를 만날 수 있다.

당신에게 최고의 멘토를 멀리서 찾지 마라. 바로 당신이기 때문이다. 생각여행은 보다 나은 삶을 살고 있을 미래의 당신을 향한 멘탈링이다. 지금의 나를 위해 더 훌륭한 미래의 나를 만드는 프로젝트, 그것이 멘탈링이다.

미래의 나는 내 꿈이다. 내가 되고자 하는 모습을 가진 나라는 뜻이다. 내 꿈을 이룬 미래의 나에게 지금의 내 문제와 진로를 물어보면 가장 적확한 답을 줄 것이다.

지혜의 되새김

세계에서 가장 시끄러운 도서관이 있다. 조용히 공부하며 대화도 조용히 해야 하는 곳이 도서관인데 시끄럽다고? 그것도 세계에서 가장? 예시바라고 하는 독서토론 전용 유대인 도서관 얘기다. 토론과 논쟁을 중시하는 유대인의 교육 문화를 집대성한 곳이라고 보면 된다. 여기서는 책을 읽고 읽은 책에 대해 서로 토론한다. 때로 의견이 달라 싸울 듯이 논쟁이 벌어지곤 한다. 질문하고 답하는 토론을 통해 자신이 갖고 있던 생각의 한계라는 꺼풀을 벗긴다.

유대인들은 전 세계 인구의 0.25퍼센트에 불과하다. 그런데 노벨상 수상자의 25퍼센트를 차지한다. 게다가 미국뿐 아니라 세계를 움직이고 있다. 유대인들은 고난과 아픔의 역사를 지닌 민족이다. 쫓겨다녔고 학살의 대상이 되었던 그들은 유형의 재산보다 절대 뺏기지 않는 무형의 재산을 중시했다. 바로 지식과 지혜다. 그래서 목숨 걸고 지식과 지혜를 가지려 애를 썼고, 자식들도 그렇게 교육했다.

반추동물인 소는 먹이를 되새김질한다. 먹었던 사료를 다시 끄집어내어 저작 활동을 한다. 맹수들의 먹이였던 반추동물들은 급히 풀을 먹은 후 안전하다고 판단될 때 다시 끄집어내 잘 씹은 후 소화시켰다. 그래야 단백질을 공급받아 몸을 유지할 수 있었다. 우리 머릿속에 집어넣은 지식 역시 그대로 두어서는 의미가 없다. 되새김을 통해 지식을 유지해야 하는 건 물론이고 지혜로 변환시켜야 한다. 학교에서 얻은 지식을 졸업과 동시에 잊어버리는 건 학교생활을 무의미하게 하는 것이다. 사회생활에서 얻은 지식도 끊임없이 되새김하여 지혜를 창출해야 한다.

현재의 나는 지식을 받아들이고 미래의 나는 그 지식을 지혜로 재

생산한다. 그리고 미래의 나는 현재의 나에게 그 지혜를 전해준다. 이것이 지혜의 되새김이다. 현재와 미래가 지속해서 지혜를 주고받음으로써 건강한 정신, 성숙한 자아를 생산해내는 것이다.

머릿속을 마구 떠다니는 생각을 따라 좇아가기만 하면 된다. 그 여행이 다른 차원에 있는 나를 찾아 떠나는 생각여행이다. 생각여행 길에 만난 미래의 나는 새로운 깨달음을 준다. 그때의 감동, 떨림, 울림은 현재의 나를 지탱해주는 힘이 될 것이다.

다니는 회사에 기부하는 사람

지금 있는 곳에서 무엇을 이루었는가

청년들에게 취업이 가장 큰 소망이자 목표가 되어버렸다. 취업을 위한 책들이 시중에 많이 나와 있다. 그중에서 자기소개서 잘 쓰는 비결을 다룬 책이 가장 잘 팔린다고 한다. 직장생활을 오래 한 선배의 말을 빌리면 취업에는 면접이 가장 중요하다고 한다. 그런데 자기소개서 잘 쓰는 비결을 다룬 책이 잘 팔리는 이유가 뭘까? 그것은 1차 서류전형조차 통과하기 어렵다는 뜻이다. 면접은 둘째 문제다. 그러니 이력서에 이런저런 스펙들을 채우려고 난리일 수밖에 없다.

취업을 하고 나서도 마찬가지다. 새벽에 어학원에 다니고 MBA를 따기 위해 대학원에 다닌다. 무엇이라도 하지 않으면 뒤처지는 것 같고 불안하다. 소위 스펙 쌓기 열풍이다. 미래가 불확실하니 달리 방법이 없다. 뭔가 열심히 준비한다. 하지만 정작 업무에 대해서는 크게 중요하게 생각하지 않는 것 같다. 업무는 내가 먹고살기 위해 다니는 직장에서 그냥 주어진 일, 해야 하는 일 정도로 여긴다.

경력사원은 신입사원과 다르다. 이직할 때 회사는 그의 경력을 보고 채용 여부를 결정한다. 그동안 다닌 회사에서 뭘 했고, 어떤 걸 이루었으며 얼만큼의 공헌을 했는지가 정말 중요하다. 신입사원에게는 학벌과 토익 점수가 중요할지 모른다. 직장 경력이 몇 년 되면 학벌은 서서히 경력 속에 묻힌다. 우리나라 사회에서 학벌이 중요하지 않다는 건 아니다. 다만 경력이 쌓이면서 실력과 능력이 학벌을 흡수하게 된다는 뜻이다. 회사는 취업을 희망하는 지원자가 얼마나 많은 수익을 창출할 수 있는지를 가장 중요하게 고려한다.

내가 만난 직장인들 중에 연봉이 높고 이직이 비교적 쉬운 부류는 영업사원이었다. 관리직이나 생산직은 자신의 실적을 수치화하기 어렵다. 하지만 영업사원은 다르다. 정해진 목표와 개인 또는 팀별 실적이 숫자로 나와 있으니 잘하는지 못하는지 한눈에 알 수 있다.

물론 애로도 많다. 한 달마다 돌아오는 실적 스트레스에 머리털이 다 빠질 지경이다. 접대가 많은 영업사원은 매일 거듭되는 술자리에 몸이 축난다. 그렇지만 고생을 하는 만큼 연봉도 높다. 실력 있는 영업사원일수록 이직이 쉽다. 경쟁사에서 데려가려고 눈이 벌겋다. 이직 제안을 받게 되면 마음이 흔들린다. 조건이 더 좋다. 연봉도 더 많고 실적에 대한 보상도 약속하고 승진까지 시켜준다고 제안한다. 흔들리지 않는 게 이상할 정도다.

"내년 3월만 기다리고 있어요. 저희 연봉 협상과 정기 인사가 그때거든요. 회사에서 제가 원하는 연봉과 승진을 약속하지 않으면 다른 회사로 옮길 겁니다. 경쟁사 사장님이 저에게 이직을 제안했어요. 연봉도 20퍼센트 이상 많고 부장 승진도 약속했습니다."

한 외국계 회사에서 근무하는 영업사원의 말이다.

회사를 몇 년 다니다 보면 당신이 어느 대학을 나왔는지 전공이 뭔지 사람들은 기억 못 한다. 당신의 토익 점수가 몇 점인지 어디서 MBA를 받았는지 그런 건 잘 모른다. 단지 당신이 어떤 업무를 하고, 직급이 뭔지, 어떤 성과를 이뤄냈는지로 당신을 평가하고 기억한다.

친한 사람들과 한잔하는 자리에서 '이놈의 회사 당장 때려치워야지'를 입버릇처럼 되풀이하는가? 정말 더 좋은 회사로 옮기고 싶은가? 더 많은 연봉을 받고 싶은가? 그러면 지금 다니는 회사에서 뭘 했는가를 생각해보라. 다른 회사에서 면접 볼 때 토익 점수를 자랑하지 말고 당신이 성취해낸 멋진 성과나 실적을 자랑하라.

회사 실적이 곧 내 스펙이다

"팀장님! 저는 이 회사에서 최선을 다해 일할 생각 없습니다. 해봤자 연봉도 쥐꼬리만큼 올라요. 재미가 없어 못 하겠습니다."

"그래도 최선을 다해 일해봐. 그게 남는 거야."

"지금은 그냥 월급 받는 만큼만 일할래요."

"자네, 그럼 나중에 뭘 하고 싶은가?"

"저는 월급쟁이 오래 할 생각 없습니다. 좋은 아이템 하나 물어 제 사업 할 겁니다. 외국에 있는 좋은 사업 아이템을 잡아 한국에 론칭할 생각이에요. 반드시 성공할 겁니다."

"월급쟁이로서도 최선을 다하지 않는데 자네 사업에서는 얼마나 능력을 펼치겠나? 월급쟁이를 통해 자네 능력을 최대한 끌어 올려야 해. 자네 능력의 한계를 계속 높여야 자네가 사업할 때 성공할 확률이 높아지는 거야."

직장인들은 흔히 '지금은 최선을 다하지 않아도 내 사업을 하거나 다른 회사로 이직하면 최선을 다해 일할 것'이라고 생각한다. 하지만 그것은 착각에 불과하다. 당신이 사업을 하게 된다면 최선을 다해 일하여 사업을 성공시킬 수 있을까? 나중이 아니라 지금 최선을 다해야 한다. 최선을 다하는 것도 훈련이다. 오늘날 성공한 사장님들에게 물어보라. 직장 다닐 때 대충 시간만 때웠느냐고 말이다. 그런 사람 한 명도 없다. 그들의 무용담은 이순신 장군, 정주영 회장, 이병철 회장에 비교해도 결코 뒤지지 않을 것이다.

"이번에 임원 회의 결과 신규 사업을 진행하기로 결정 났어. 송 과장이 프로젝트를 주도적으로 맡아주면 좋겠어."

"제가요? 저는 지금 하는 일도 벅찬데요. 어떻게 신규 사업까지 맡으라고 하십니까?"

"송 과장 말고 이 일을 할 사람이 없잖은가? 바쁜 줄은 알지만 태스크포스(TF) 팀을 꾸려보도록 해."

"부장님, 죄송하지만 저는 하기 힘들 것 같습니다. 다른 사람에게 맡겨주십시오."

"아, 정말 실망이군. 이번 일이 얼마나 중요한지 알아? 자네에겐 기회란 말이야."

결국 송 과장은 신규 사업 프로젝트를 맡지 않았다. 현재 하고 있는 업무가 차고 넘치는 건 아니었다. 신규 사업은 항상 어렵고 힘들다. 그런 일을 하고 싶지 않아서 거부한 것이다.

예전에 내가 근무했던 회사가 해외로 공장을 이전하게 되었다. 그 프로젝트를 맡을 팀을 정하는 회의가 있었다. 모든 부서장이 고개를 숙인 채 사장과 눈을 맞추지 않았다. 고생길이 뻔하므로 당연히 하고 싶지 않았을 것이다.

"공장 이전 문제니까 생산부에서 진행하는 게 좋을 것 같은데."

사장의 말에 생산부장은 얼굴을 붉히면서 강한 어조로 말했다.

"저는 어학이 잘 되지 않습니다. 그런데 어떻게 해외에 공장 짓는 일을 할 수 있겠습니까? 저희 생산부에서는 힘들 것 같습니다."

사장은 예상한 듯 당황하지 않았다.

"그럼 어느 부서에서 이 프로젝트를 맡는 게 좋을까?"

모두들 나를 쳐다봤다. 업무 욕심이 많은 내가 맡아주기를 바라는 듯한 눈빛들이었다. 사실 나는 마음속으로 이미 그 프로젝트를 맡을 생각을 하고 있었다.

해외에 공장을 짓는 것은 사운이 걸린 중차대한 일이다. 투자금이 많이 들고 위험도가 높은 일이다. 잘못 결정하고 진행했다가는 회사가 잘못될 수도 있다. 그러니 중소기업에서는 해외 투자를 선뜻 결정하지 못한다. 바꿔 말하면 자주 있는 일이 아니라는 것이고, 그만큼 그런 일을 해볼 기회가 매우 드물다는 의미다. 그런데 내가 다니는 회사에서 그런 결정을 내렸는데 지금 아니면 언제 그 일을 해볼 기회를 잡겠는가? 나에게는 정말 한번 도전해보고 싶은 일이었다. 마침 다른 부서에서는 아무도 그 일을 맡을 생각이 없었다. 겉으로는 떠맡은 듯했지만 나는 내심 쾌재를 불렀다.

발전하는 회사는 크고 작은 신규 사업을 많이 진행한다. 그때마다 그 일을 진행할 부서나 TF 팀장을 정한다. 그런데 서로 안 하려고 눈치를 본다. 힘들고 어려운 건 말할 것도 없고 만약 일이 잘못되면 책임을 져야 하지 않을까 걱정하기 때문이다. 가만히 생각해보면 신규 사업은 경력에 큰 도움이 될 소지가 많다. 회사 내에서 입지를 다질 좋은 기회일 뿐 아니라 스펙에 강력한 한 줄이 될 수 있다.

설령 실패하더라도 너무 걱정하지 마라. 기업은 실패를 통해 배우려고 한다. 그 실패의 중심에 당신이 있었다. 기업이 실패 경험을 중요시하는 만큼 당신의 경험이 중요해진다. 다른 신규 사업을 할 때에도 당신의 의견이 적극 반영된다. 차츰 당신은 회사의 중심에 다가가

게 된다. 그러니 성공하든 실패하든 새로운 일에 대한 도전을 망설이지 말기를 바란다. 토익 점수에 연연하지 말고 경험과 도전이라는 강력한 스펙을 쌓는 데 더 치중하라.

지금 다니는 회사에서 최선을 다하라. 회사에서 승승장구하든지, 이직을 하든지, 회사를 설립하든지 때를 기다려라. 멘탈링을 해서 평정심을 잃지 말고 당신이 정한 목표를 향해 열심히 달려라. 보상에 연연하지 마라. 실적과 성과를 쌓고 기술과 지식을 갈고닦아라. 그것들이 모두 회사 것이라고 생각하는가? 아니다. 온전히 당신의 것이다. 결국 당신에게 돌아온다. 당장 돈이나 승진과 같은 보상으로 주어지지 않더라도 실망하지 마라.

당신이 뭘 하든지 간에 온전히 당신을 대변할 훌륭한 스펙이 되어 돌아올 것이다. 자격증이나 토익 점수가 아니다. 현재의 위치에서 이뤄낸 회사 실적이 곧 자신의 스펙이 된다. 이걸 잊지 말고 지금 다니는 회사에서 최선을 다하라.

나는 내 회사에 기부한 사람이다

요즘에는 기부에 대한 인식이 많이 바뀌었다. 가진 자가 나눠주자는 캠페인이 사람들의 생각을 바꾼 계기가 되었다. 워런 버핏, 마크 주커버그 그리고 유명 연예인과 같이 사회적으로 이름을 알린 사람들이 기부에 앞장서다 보니 기부와 봉사라는 단어가 한결 친숙해졌다.

가수 김장훈은 200억 원에 달하는 기부를 했다고 한다. 개인이 그

정도의 금액을 기부했다니 참으로 많은 용기가 필요했을 것이다. 많은 돈을 벌기도 했지만 자신을 위해 쓰기보다 어려운 사람을 위해 나누는 삶을 선택한 것이다. 기부가 습관이 될 정도의 경지에 오른 모습을 보니 박수가 절로 나온다.

세월호 사태와 천안함 침몰 때 유족 돕기 성금 모금에 많은 국민이 참여했다. 거액을 투척해 주변의 어려운 이웃을 도왔다는 따뜻한 이야기도 낯설지 않다. 이제는 기부와 성금, 봉사가 먼 나라 이야기가 아니라 우리 실생활에 밀접하게 다가왔다. 그만큼 우리 국민의 의식 수준이 높아졌고 선진국에 한 걸음 다가가고 있음을 느낀다.

아침 출근 시간에 우산을 지하철에 놓고 내린 적이 있다. 평소에 물건을 잘 잃어버리지 않는 성격인데 왜 그랬는지 모르겠다. 그렇다고 우산을 잃어버린 자신을 자책하지 않았다. 누군가 그 우산을 주웠을 것이다. 비 오는 날 우산을 준비하지 못한 사람에게는 얼마나 요긴한 물건인가? 그런 생각에 우산이 없는 불편함보다 '우산이 필요한 사람에게 기부했다'란 마음을 가졌다. 얼굴도 모르는 사람이지만 누군가에게 선행을 베푼 셈이니 그걸로 만족했다. 물건을 잘 잃어버리는 사람은 오늘도 기부했다고 생각을 바꿔보면 기분이 좋아질 것이다.

혹시 회사의 보상에 불만이 있는가? 성과를 몰라주어 자존심이 상하는가? '이놈의 회사'를 확 때려치우고 싶은가? 멘탈링을 하라. 평정심을 유지해서 결코 경거망동하지 말라. 생각을 조금만 바꾸어보라.

모르는 다수의 사람을 위해 기부를 하고 선행도 베푼다. 하물며 내가 다니는 회사에 기부하지 못할 게 뭐 있겠는가. 이번에 연봉 인상액이 마음에 들지 않더라도 내가 기대했던 금액과의 차이만큼 회사에 기부했다고 생각하자.

상대적 강자라고 여겨지는 회사가 오히려 당신에게 기부를 받은 것이다. 당신은 회사의 기부 천사다. 회사는 당신이 기부한 사실을 모를 것이다. 하지만 당신 자신은 안다. 회사가 어려울 테니 적지만 당신이 도와준 거다. 기분 좋게 기부하라. 회사를 위해 기부 많이 하고 일도 열심히 하는 직원이라면 사장이나 상사 눈에 예뻐 보이는 건 당연하다. 그러면 당신이 기부한 것 이상이 환급될 것이다. 자, 오늘도 회사에 기부하자.

인생길을 가는 동안

참을성만큼은 대단하군요

사직서를 제출하고 마지막으로 출근한 날이었다. 한 임원이 차나 한 잔 마시자고 했다. 그다지 친하게 지낸 사람은 아니었다. 그는 몇 가지 조언을 했다. 나이 먹은 사람으로서 하는 말이니 그냥 들어달라고 덧붙였다. 말로는 조언이지만 나에 대한 그동안의 불만이었다. 그냥 담담하게 들었다. 마지막에 그는 나에게 이런 말을 했다.

"같이 근무한 지는 2년밖에 되지 않지만 솔직히 한 가지는 인정해요. 당신은 참을성 하나만큼은 정말 대단한 것 같아요. 나나 다른 사람 같으면 도저히 참지 못할 상황도 당신은 참아내더군요."

그가 말한 상황이란 게 뭘 말하는지는 잘 알고 있었다.

팀장 회의를 하던 어느 날이었다. 회의 석상에서 회장은 이미 짜증이 많이 나 있었다. 회의 내내 회장은 팀장들의 말에 딴죽을 걸어댔고 억지스러운 말만 되풀이했다. 회의에 참석한 인원 모두 그의 그런 태도에 기분이 좋지 않았고 뭔가 터질 것 같은 불안한 분위기였다. 나에게 발언권이 주어졌고 내 생각을 말했다. 회장 생각과는 다른 방향의 의견이었다. 하필이면 그때 회장이 폭발해버렸다. 나에게 "이 쌍놈의 새끼!"라고 욕설을 퍼부었다. 회사 다니며 처음 듣는 욕설이었다. 다른 참석자들은 깜짝 놀랐다. 회장은 화를 주체하지 못하며 나에게 계속해서 욕설을 퍼부었다. 옆에 앉아 있던 한 임원은 혹시 내가 무슨 일을 저지르지 않을까 싶었던지 내 팔을 잡았다. 하지만 나는 화가 나지 않았다. 그 욕설은 나에게 하는 말이 아니었다. 내가 총대를 멨을 뿐 모든 참석자에게 하는 것이었다. 회장은 회사가 어려우니 정신들 바짝 차리고, 자신의 의견도 잘 들어달라는 말을 하고 싶었던 것이다.

만약 그 자리에서 회장의 욕설에 반발했다면 어떻게 되었을까? 아마 나는 그 즉시 회사를 그만두어야 했을지도 모른다. 하지만 나는 그러지 않았다. 왜 회장이 욕을 하는지 그 이유를 알았기 때문이다. 평정심만 잃지 않으면 회장의 생각을 읽을 수 있고, 섣불리 회사를 그만두어야 하는 바보 같은 짓은 하지 않을 수 있다.

물론 그 욕설이 내 마음에 또 하나의 상처가 된 건 맞다. 10여 년 직장 다니며 나에게 그런 욕을 한 사람은 없었기 때문이다. 그런 욕설을 들을 만큼 잘못을 한 적도 없었으니까.

내 눈치를 보던 다른 회의 참석자들은 일촉즉발의 상황에 가슴 졸였는지도 모르겠다. 하지만 나는 감정을 일으키지 않았고 문제도 일으키지 않았다. 평정심을 유지한 덕분에 나는 회사를 내가 원하는 만큼 더 다닌 후 그만둘 수 있었다. 아마 그 회장은 지금은 후회할 것이다. 그리고 부끄러울 것이다.

어떤 아주머니의 덕담

지하철 승강장에서 지하철을 기다리고 서 있었다. 옆에 서 있던 중년 아주머니가 나를 보더니 "참 복이 많아 보이시네요"라는 말을 하는 것이었다. 뜬금없는 말에 "아, 네. 감사합니다"라고 대답했지만 혹시 '도를 아세요?' 류의 사람이 아닐까 하여 경계를 늦추지 않았다. 그런데 그 아주머니는 다른 말은 더 하지 않았다. 괜한 오해를 했구나 싶은 마음이 들었다.

지하철을 타고 자리에 앉았다. 습관처럼 책을 펼쳤다. 하지만 그 아주머니의 말이 계속 머릿속을 맴돌았다. 왜 아주머니는 처음 보는 나에게 참 복이 많아 보인다는 말을 했을까?

생각해보니 정말 나는 복이 많은 사람이구나 싶어졌다. '그렇지, 나는 복이 많은 사람이야. 아들딸 열심히 공부하며 건강하게 잘 자랐지, 아내는 내조 잘하고 아이들 잘 키우지, 부모님은 두 분 다 건강하게 살아 계시지, 여동생 부부는 행복하게 잘 살고 있지 정말 걱정할 게 없잖아.'

나 또한 풍족하지는 않아도 열심히 살고 있으니 복이 많은 게 틀림없었다.

인간은 만족을 모르는 동물이므로 운이 안 좋다, 행복하지 않다, 더 가지고 싶다는 생각을 한다. 하지만 돌아보면 만족스럽지는 않았어도 복이 없는 건 아닌 것 같다. 내 얼굴이 복이 많은 인상은 결코 아니다. 나도 평소에 못 느끼고 있던 걸 고맙게도 그 아주머니가 일깨워주었다. 어떤 의도가 있었는지는 몰라도 아주머니에게 감사한 마음이 들었다.

나도 모르는 누군가에게 그런 말을 할 수 있으면 좋겠다. 그래서 스스로 불행하다고 생각하는 사람이 '나도 복이 많은 사람이구나'라고 생각하는 기회를 만들어주고 싶다. 물론 상대는 나를 '도를 아세요?' 류의 사람으로 보겠지만.

행복하지 않다고 생각하는가? 당신은 이미 행복한 사람인지도 모른다.

당신의 길을 먼저 넓혀라

2년 전으로 기억한다. 서울에 눈이 많이 온 날이었다. 눈은 그쳤지만 날씨가 추워 녹지 않고 그대로 얼어버렸다. 그러니 도로는 빙판길인 곳이 많았다. 미끄러운 길을 헤치고 출근하려고 지하철역으로 향하고 있었다. 지름길이어서 자주 이용하는 골목길을 지나가다가 혼비백산하고 말았다. 소형 트럭 한 대가 전속력으로 지나가는 것이었다.

속으로 이런 좁은 길에서 저렇게 빨리 달리다 사고라도 나면 어쩌려고 저러나 생각하는 순간, 일이 벌어졌다. 달리던 트럭이 다른 골목길에서 나오는 차와 충돌한 것이다. 도로가 미끄러워 브레이크를 밟았는데도 늦었다.

만약 골목길이 아닌 큰 도로였다면 사고가 안 날 수도 있었다. 다른 차의 움직임을 미리 파악하고 핸들을 돌릴 수 있었을 테니까.

차를 몰고 가는 길이 골목길인데 욕심을 부려 좀 더 빨리 가려다가는 사고의 가능성이 크다. 길이 미끄러워도, 다른 차가 달려와도 그냥 사고가 나버린다. 만약 어린아이가 뛰어 나오기라도 했다면…. 생각만 해도 끔찍하다. 길이 좁을수록 천천히 운전해야 한다. 좌우를 살피며 안전운전을 해야 한다. 만일에 생길 수 있는 사고를 막기 위해서다.

우리 삶도 마찬가지다. 자신의 길을 먼저 넓혀야 한다. 자신이 골목길이라면 과속하지 마라. 갑자기 튀어나오는 것에 대처할 방법이 없다. 자신의 길이 골목길인데도 남들보다 빨리 가려고 과속하면 큰 사고가 생길 수 있다. 아직 자신의 길을 넓히지 못한 사람이라면 천천히 좌우를 잘 살피면서 가기를 바란다. 만약 얼른 성공하고 싶고 빨리 달리고 싶다면 우선 자신의 길을 넓히는 데 주력하라. 언젠가 당신에게 주어진 차를 빠른 속도로 멋지게 드라이브하고 싶다면 당신의 길을 먼저 넓혀라. 골목길이 아닌 고속도로를 만들어라. 그리고 그때 가서 신 나게 가속 페달을 밟아라.

인생이란 수레를 끌고 오르막길을 가는 것

초등학교 다닐 때였다. 학교 근처에 까치고개라 해서 가난한 사람들이 모여 사는 동네가 있었다. 우리 반에는 거기 사는 친구들이 많았다. 버스도 다니지 않는 비탈길을 친구들은 매일 걸어 다녔다. 겨울이면 연탄을 수레에 실어 집으로 날라야 했다. 친구들을 돕고 싶은 마음에 수레 끄는 걸 자청했다. 조그만 녀석이 연탄을 실은 수레를 끌려니 쉽지 않았다. 한 번에 많이 실으니 비탈길을 올라가기가 너무나 힘들었다. 뒤에서 친구가 밀어주기는 했지만 연탄 무게 때문에 뒤로 밀려 넘어질 뻔했다. 힘이 빠지니 친구에게 짜증을 부리게 되었다.

"야, 좀 더 세게 안 밀래? 네가 제대로 안 미니까 내가 힘들어지잖아."

안 그래도 나에게 수레를 끌게 해서 미안하기도 하고 부끄럽기도 했던 친구는 어찌할 바를 몰라 했다. 좋은 마음에 도와주려던 나는 오히려 친구에게 짜증이나 부리는 사람이 되어버렸다.

우리 인생도 오르막길에 수레를 끌고 가는 것이다. 욕심이 많아 수레에 이것저것 실으면 올라가기 힘들다. 자칫 삐끗하면 욕심의 무게 때문에 경사길을 끌려 내려간다. 너무 빨리 가도 안 된다. 금방 지친다. 자신의 체력을 고려해 적당한 속도로 적당한 물건을 실어야 끝까지 갈 수 있다. 인생의 오르막길에 수레 끌고 간다고 생색내서도 안 된다. 주변 사람들을 힘들게 할 수 있다. 그들은 안다. 당신이 얼마나 고생하는지. 오히려 서로 격려하며 가야 끝까지 함께 갈 수 있다. 그게 인생이다.

누군가에게 힘이 되어주어라

포기하지 않되 멈출 줄도 알아야

프로야구에서 공격하는 팀에는 코치가 두 명 배치된다. 1루 코치와 3루 코치다. 1루 코치는 안타를 치고 나간 선수의 장비를 받아주고 주루할 때 필요한 장갑을 전달해주는 역할을 한다. 3루 코치는 주자가 2루나 3루로 뛰어갈 때 오버런(베이스를 지나쳐 달리는 것)을 방지하여 주자가 아웃되는 걸 막는다. 야구 중계를 보면 주자가 2루를 지나 3루로 달릴 때 3루 코치가 팔을 빙글빙글 돌려 계속 뛰라는 표시를 해주는 경우가 있다. 하지만 외야수가 공을 잡으면 3루 코치는 주자가 홈까지는 달리지 못하게 막는다. 3루 코치는 주자가 달리는 걸 알려주는 사람이 아니라 멈추는 걸 알려주는 사람이다.

우리가 차를 시속 100킬로미터로 달릴 수 있는 이유가 무엇인가?

엔진이 있고 가속 페달이 있기 때문인가? 아니다. 브레이크가 있기 때문이다. 우리는 브레이크를 밟으면 차가 멈춘다는 걸 안다. 그 브레이크를 믿기 때문에 100킬로미터로 달릴 수 있다.

아이가 풍선을 불어달라고 조르면 볼을 빵빵하게 부풀리며 풍선을 분다. 크게 불어서 아이에게 준다. 아이는 더 크게 불어달라며 떼를 쓴다. 계속 불지만 언제 터질지 모른다. 얼굴 두 배만큼 불다가 결국 터져버린다.

주식 투자를 하는 사람들이 실패하는 가장 큰 이유 중 하나가 욕심 때문이다. 멈추어야 할 때를 지나쳐 계속 가다가 큰 실패를 맛본다. 주식 격언 중 무릎에서 사서 어깨에서 팔라는 말이 있다. 언제가 바닥인지 모르기 때문에 무릎 정도 왔을 때 주식을 사고, 언제가 상투일지 모르기 때문에 어깨쯤 왔다고 생각될 때 팔라는 말이다. 물론 어깨를 훨씬 지나 천장을 뚫을지도 모른다. 하지만 그런 기대 때문에 조금만 더 쥐고 있자고 마음먹었다가 급격히 떨어진 주식을 보고 그때 팔고 나올 걸 하고 후회하는 것이다.

성공한 사람들의 이야기에서 가장 많이 나오는 말이 포기하지 말라는 말이다. 1미터만 더 파면 금덩이가 있는데 그만 포기해버려 금덩이를 차지하지 못한 사례를 들기도 한다. 구덩이를 팔 때 확신이 없기 때문에 중간에 포기하게 되는 것이다. 금덩이가 분명히 있을 거란 점을 안다면 왜 더 파지 않겠는가? 포기하지 말라는 것은 목표를 이룰 수 있다는 확신이 있을 때여야 한다. 아무 데나 구덩이를 판다고 금덩이가 나오는 건 아니다.

인생을 살면서 포기하고 싶을 때가 있다. 그때마다 쉽게 포기하면 안 된다. 밑에 정말 금덩이가 묻혀 있을지 누가 아는가? 하지만 확신이 없다면 멈출 줄도 알아야 한다. 3루 코치가 됐든 브레이크가 됐든 나를 멈춰주어야 한다. 아니다 싶은 구덩이를 계속 판다고 금덩이가 나올 리 만무하다.

하지만 쉽게 포기하지만 않는다면 비록 금덩이가 나오지 않더라도 분명 얻는 게 있다. 바로 구덩이를 파는 기술이다. 몸의 모든 에너지를 쏟아 부을 정도로 최선을 다해 구덩이를 팠다면 금덩이는 나오지 않을지언정 구덩이를 잘 파는 기술을 얻게 된다. 그러면 다음에 다른 구덩이를 팔 때 지금보다 훨씬 더 잘 팔 수 있다.

최선을 다했는지 스스로에게 물어보라. 그리고 최선을 다했지만 금덩이에 이르지 못했다면 과감히 멈추어라. 포기라는 단어는 쓰지 말고 쉼표라는 말을 써라. 잠시만 쉬자. 운전하다 피곤해서 졸음이 온다면 브레이크를 밟아서 멈춰야 한다. '절대 포기하지 않는다'와 같은 미련한 짓은 해서는 안 된다. 잘못하다간 큰 사고가 나서 나와 다른 사람의 생명까지 위협할 수 있다.

인생에서 힘들고 지치면 멈출 줄 아는 지혜가 필요하다. 인생의 브레이크를 밟고 잠시 쉬자. 쉼표를 찍고 재충전을 하자. 그리고 다시 최선을 다하자.

후배들의 멘토가 되라

고현숙의 《유쾌하게 자극하라》에는 일본 P&G 사례가 등장한다. 이 회사의 모든 매니저에게는 후배들을 코칭할 의무가 주어진다. 그들의 역할은 지시를 하거나 가르치는 게 아니라 후배의 의견을 듣고 질문을 던져서 후배 스스로가 답을 찾고 생각하는 능력을 갖추도록 하는 것이다.

경력이 짧은 직원들에게 회사생활은 만만치 않다. 일과 생활이 적응될 때까지 답답함을 많이 느낀다. 특히 신입사원에게는 회사의 모든 것이 낯설다. 처음 해보는 회사생활이니 하나부터 열까지 의문투성이다. 각 기업에서는 이런 후배들에게 멘토를 정해주고 후배가 빨리 적응할 수 있도록 정신적인 도움을 주는 멘토링 프로그램을 진행하는데 참 좋은 것 같다.

회사에서의 멘토는 교사와 다르게 일방적인 가르침을 주는 존재가 아니다. 후배가 생각을 통해 스스로 깨우치도록 도와주어야 한다. 그런데 대부분 상사가 아직 많이 부족한 후배들을 못 잡아먹어 안달난 것처럼 괴롭힌다.

당신에게도 후배가 있다면, 또는 언젠가 후배가 들어온다면 멘토가 돼보는 건 어떨까? 회사 내에 정식적인 멘토링 프로그램이 없더라도 당신 스스로가 멘토링을 운영하는 것이다. 일본 P&G의 사례처럼 후배의 말을 듣고 질문을 던져 스스로 생각해서 문제를 해결해나가는 능력을 길러주는 게 좋다. 또한 쉽게 상처받는 후배들에게는 열정과 자신감을 심어주도록 노력한다. 멘탈링 방법을 전수하고 근본적으로 스트레스에 강한 마음을 갖도록 이끌어준다. 허황된 꿈보다 따뜻한 말 한마디가 후배들에게는 훨씬 큰 용기를 가져다준다는 걸 잊지 말아야 한다.

멘토가 없는 당신은 어쩌라는 거냐고? 지금까지 방법들을 알려주었다. 자신만의 멘탈링 방법을 찾도록 노력한다. 마땅한 방법이 없으면 서점이나 도서관에 가라. 당신에게 큰 도움을 줄 만한 사람들이 이미 책으로 조언을 준비해두었다.

사람을 살리는 경청의 힘

친구 중에 연애박사가 있다. 항상 주변에 여자 친구가 넘치게 많았고 연애가 끊김이 없었다. 부러운 마음에 비결을 물었다.

"여자를 만나면 여자들이 하는 이야기를 일단 열심히 들어줘. 그리고 무조건 맞장구를 쳐주는 거야. 조금이라도 재미있다 싶으면 웃으며 손뼉까지 치며 좋아하는 모습을 보여야 해. 그러면 여자들은 속으로 이런 생각을 하지. '아, 이 남자는 나와 공통점이 많고 잘 통하는 것 같아. 성격도 잘 맞는 것 같고.' 그러면 그 여자는 너에게 넘어오게 되어 있어."

그가 말한 연애 성공 비결은 여자의 말을 잘 들어주는 것이다. 즉, 잘 들어주는 것만으로도 여자들은 '이 남자와 잘 맞는다'라고 스스로 느끼게 된다는 것이다. 정말 간단하지 않은가? 그런데 이렇게 간단한 비결을 남자들은 잘 실천하지 못한다. 잘 들어주는 몇몇 늑대가 여우들을 독차지하는 걸 지켜보기만 할 뿐이다.

사회생활을 20년 가까이 하다 보니 사람들 마음을 대충 짐작할 수 있게 되었다. 신기(神氣)가 있어서가 아니다. 경험에 의해서다. 특히 회사 그만둘 것 같은 직원은 눈에 보인다. 힘들어하는 모습이 눈에 밟힌다. 그 직원에게는 나름대로 회사를 그만두고 싶은 마음이 드는 이유가 있다. 연봉이나 승진과 같은 보상에 관한 것일 수도 있고, 동료 직원들로 인해 마음의 상처를 입은 것일 수도 있다. 나 또한 그런 경험을 많이 해봤기에 그런 직원들을 볼 때마다 마음이 무겁다. 그래서 도움을 주고 싶다.

한 번은 여직원 한 명이 회사 옥상에서 혼자 앉아 있는 모습을 보게 되었다. 천천히 다가가 이런저런 이야기를 나누었다. 조금씩 마음의 문을 연 여직원은 나에게 가슴 속에 쌓인 이야기를 하나둘 꺼냈다. 나는 별로 말을 하지 않았다. 주로 듣기만 했다. 응어리를 토해낸 여직원은 눈물을 흘렸다. 나이 어린 여직원의 말에는 물론 듣기 거북한 표현도 섞여 있었지만 개의치 않고 들었다. 모든 응어리를 말로 표현한 후, 그 여직원은 마침내 웃음을 지었다.

그 여직원이 왜 그 시간에 옥상에 갔는지는 모르겠다. 하지만 다른 팀 부서장인 나에게 마음을 열고 울분을 쏟아낼 정도로 마음의 병이 깊었던 건 확실하다. 마지막에 웃음을 보이며 고마워하던 얼굴이 지금도 눈에 선하다. 내가 그 여직원이 웃을 수 있게 한 건 특별한 비법을 써서가 아니었다. 단지 이야기를 들어준 것뿐이었다.

당신도 남의 이야기를 들어주는 사람이 되면 좋겠다. 속마음을 눈물로 쏟아낼 수 있게 들어주는 것이다. 그것만으로도 상대는 마음의 병을 고치게 된다. 수다 떨듯이 흥미 위주의 대화가 아니라 진지하게 다른 사람의 말을 들어주고 공감해주고 맞장구쳐주면 된다. 상대는 마음의 울분을 토해냄으로써 큰 위로를 받는다. 그러고 나면 그는 당신의 영원한 팬이 될 것이다. 혹시 누가 아는가? 듣기만 했을 뿐인데 사람을 살리게 될지.

리더들에게 가장 부족한 것이 무엇인지 아는가? 바로 듣는 능력이다. 희한하게도 리더에 오른 사람들 중에는 듣는 걸 잘 못하는 사람이 많다. 그리고 그 자리를 오래 유지하지 못하는 이유 중 하나도 잘 듣지 않아서다. 자기가 가장 잘났다는 생각을 가진 순간 이미 리더로서는 내리막길을 걷고 있는 것이다. 심지어 한 회사의 가장 높은 사람이 "내 생각이 99퍼센트 옳다"라는 말을 서슴지 않고 하는 걸 들은 적도 있다. 최고경영자 자리에 올랐으니 리더로서 성공했다고 볼 수 있을 것이다. 그러나 자기 생각이 99퍼센트 옳다고 자만하는 순간부터 주변의 충언과 조언은 달나라 이야기가 되어버린다.

사람이 완벽할 수는 없지 않은가. 세상 이치를 다 아는 사람도 없고 말이다. 아무리 똑똑해도 아인슈타인보다 물리학을 잘 설명할 수는 없다. 아무리 돈이 많아도 빌 게이츠보다 많지는 않다. 아무리 권력이 막강해도 대통령보다 세지는 않다.

아무리 이건희 회장이라 해도 혼자 삼성을 이끌고 가지 못한다. 참모가 있고 직원이 있고 협력회사가 있다. 혼자 다 할 수 없으니 사람들의 힘을 빌리는 것이다. 리더는 잘 들어야 한다. 오죽하면 고 이병철 회장이 아들 이건희에게 내려준 휘호가 '경청'이겠는가?

리더라면 잘 들을 줄 알아야 한다. 부하직원의 말을 잘 들어주고 진심에서 우러나오는 따뜻한 격려가 그들이 열정을 다시 찾도록 도와준다.

돈부자보다 마음부자가 되라

"부자는 아무리 많은 재산을 가지고 있어도 소유하지 못한 한 가지 때문에 아무런 위안을 얻지 못한다." 쇼펜하우어의 《생존과 허무》에 나오는 문구다.

부를 가진 사람은 뭐든지 살 수 있을까? 자본주의 사회에서는 돈이 없으면 자유롭지도 못하고, 돈으로 살 수 없는 것도 점점 적어지고 있는 게 현실이긴 하다. 하지만 마이클 샌델 교수의 《돈으로 살 수 없는 것들》이라는 책 제목처럼 돈으로 살 수 없는 것들이 있다.

마음을 돈으로 살 수 있을까? 부자들은 말한다. 가능하다고. 돈으로 사람을 사면 그들의 시간과 능력, 마음도 사게 된다는 것이다. 그런데 부자들이 샀다고 생각하는 마음은 과연 진실한 마음일까? 아마 그것은 '척'하는 마음일 것이다. 부자에게 충성을 다하는 척, 최선을 다하는 척하는 그런 마음일 것이다.

돈으로 사람의 몸은 움직일 수 있다. 하지만 마음은 움직일 수 없다. 먹고살아야 하는 생업의 문제로 몸은 움직이지만 마음은 주지 않는다. 특히 돈이면 뭐든지 할 수 있다고 믿는 부자들에게는 더욱 그럴 것이다. 돈을 더 많이 주겠다는 사람이 나타나면 돌아설 가능성이 크다. 그 말은 돈으로 그 사람의 마음은 사지 못했다는 걸 뜻한다.

중국의 춘추전국 시대는 중국 역사상 가장 혼란스러운 시기였다. 목숨이 언제까지 붙어 있을지 알 수 없고, 신의를 위해 목숨을 초개와 같이 버리기도 했다. 이 시기에는 어떤 사람을 얻느냐가 나라의 흥망을 결정지었다. 또한 인재들도 누구 밑에 들어가느냐에 따라 목숨과 부귀가 결정되었다. 제2차 세계대전 때 무기의 괄목할 만한 발전을 이루었듯이 험난한 춘추전국 시대는 수많은 걸출한 사상가를 배출했다.

사람을 살 수 있다고 생각했던 군주들은 인재들의 몸뚱이만 소유했다. 먹고살게 해줌으로써 근처에 두었지만 그들의 마음을 얻는 데는 실패했다. 마음을 얻어야 그들의 능력을 최대한 이끌어내어 대업을 이룰 수 있는데도 말이다. 그들의 마음을 얻는 진정한 방법은 리더의 겸손이다.

사람의 마음을 얻는 일, 당신은 할 수 있다. 부자가 아니라도 가능하다. 사람들의 마음을 얻어라. 리더라고 자칭하는 사람들이 잘 못했던 일, 당신은 그걸 해라. 사장은 돈부자다. 돈을 벌거나 쓰는 것은 당신보다 잘한다. 당신은 마음부자가 되라. 돈을 모으는 데 혈안이 되지 말고 마음을 모으는 데 힘써라.

흔들리지 않아야 기회가 온다

벼랑 끝에 서 있다고 두려워 마라

회사에서든 가정에서든 사람이 위기에 빠지면 그 마음의 고통은 이루 말할 수 없다. 항상 가슴이 갑갑하고 뒷덜미가 서늘하다. 아무리 몸부림쳐도 어떻게 해결해야 할지 막막하다. 누구라도 붙잡고 하소연하고 싶지만 막상 전화기를 들면 마땅히 전화할 만한 사람도 없다. 나의 어려움을 회사 사람들에게 얘기하면 괜히 책 잡힐까 봐 두렵다. 가족이나 친구에게 얘기하려니 괜히 걱정만 끼치는 것 같다. 게다가 그들은 내 문제를 들어줄 수는 있어도 해결 방법을 제시할 수는 없다. 들어줄 마음의 준비가 되어 있다손 치더라도 상황을 처음부터 설명하려니 더 복잡해진다.

옥상에 올라 하늘을 올려다보면 하늘 색깔은 변함없는데 나는 왜 갈수록 이리 힘들까? 마치 벼랑 끝에 서 있는 것처럼 외롭다.

앞에서 나는 의식과 무의식을 이야기했다. 나는 의식과 무의식 그리고 신체는 연결되어 있다고 생각한다. 의식이 무너지면 신체도 무너진다. 마음의 상처가 크면 몸에서 힘이 다 빠지고 몸이 심하게 아파지는 것과 같은 이치다. 몸이 병에 걸려 아프면 의지와 열정도 같이 사라진다. 의식이 무의식에 영향을 주고 무의식은 의식을 지배한다. 또한 의식이 신체에 영향을 미쳐 의식이 원하는 바대로 신체가 따라가도록 이끈다.

당신도 알게 될 것이다. 스펙을 키우고 능력을 쌓는 것보다 더 중요한 것은 마음을 강하게 하는 일이라는 것을 말이다. 마음을 강하게 만들어 항상 평정심을 유지함으로써 마음에 상처를 입지 않도록 하는 게 중요하다. 상처를 입더라도 상처가 깊지 않도록 방어하고, 의식을 통해 키운 능력을 최대한 발휘하는 방법을 알아야 한다.

나이 쉰을 가리켜 지천명(知天命)이라 한다. '하늘의 뜻을 안다'는 말이다. 하늘의 뜻을 안다는 게 뭘까? 아직 그 나이가 되지 않아 '하늘의 뜻'을 안다고 말할 순 없다. 오래 산 삶은 아니다. 그렇다고 적게 산 것도 아니다. 세상을 알 만큼 살았고, 세상의 쓴맛도 제대로 느끼며 살았다.

멘탈링을 하며 나름대로 터득한 인생의 진리가 하나 있다. '세상은 공평하게 행복하다'라는 것이다. 세상에는 영원한 게 없더라는 얘기다. 영원한 부, 영원한 권력, 영원한 행복이 없고 영원한 가난, 영원한

복종, 영원한 불행도 없다. 그늘 진 곳이 있으면 햇살이 있는 곳이 있다. 다 가진 것 같은 사람에게도 남들이 알지 못하는 아픔과 슬픔이 있다. 불쌍하다고 생각되는 사람에게도 그 사람만의 행복이 있다. 세상은 공평하게 행복하다.

'하늘의 뜻을 안다'는 건 '세상은 공평하게 행복하다는 걸 안다'는 의미가 아닐까 생각해본다. 지금 당신이 겪는 힘든 삶이 영원하지는 않다. 반드시 그 끝이 올 것이며, 불행하고 힘들었던 것만큼 행복하고 즐거운 세상이 온다.

벼랑 끝에 서 있거나 미로 속에 빠져 있어도 너무 걱정하지 말기를 바란다. 나 또한 직장생활 동안 숱한 위기와 아픔을 겪었다. 미로에 빠져 방향을 잃고 방황하기도 했다. 누구의 도움을 받아야 할지 어떻게 하면 그 미로를 빠져나올 수 있을지 몰랐다. 하지만 이제는 그 방법을 찾았다. 만일 다시 미로에 빠진다 하더라도 어렵지 않게 빠져나올 자신도 있다. 그래서 당신을 도울 수 있다고 생각한다. 먼저 미로 속에 빠졌다가 빠져나온 경험이 있는 내가 알려주는 대로 해보라. 가장 좋은 방법이라고 말하지는 않겠다. 그러나 어렵지 않고 큰돈이 들지도 않으면서 매우 효과적인 방법이라고 자신 있게 말할 수 있다.

누군가에게는 1퍼센트겠지만

〈동물의 왕국〉이란 프로그램에서 하이에나가 산양을 공격하는 장면을 보여주었다. 하이에나는 사자가 먹다 남긴 사체를 먹기 때문에 청소부란 별명도 있지만 사냥도 잘한다고 한다. 하이에나 한 마리가 멍하니 앉아 있는 산양의 뒤로 몰래 다가갔다. 산양이 하이에나를 발견했지만 이미 늦었다. 하이에나가 산양의 목을 물었는데 정확히 물지는 못했다. 산양은 빠져나가려고 발버둥을 쳤다. 산양이 도망갈 수도 있는 상황이었다. 그런데 발버둥을 치던 산양의 뒷다리 하나가 부러졌다. 그걸로 산양의 운명은 결정났다. 10분가량 더 살아 있었지만 살아 있는 게 아니었다. 목을 뿌리치더라도 더는 도망갈 수 없게 되었기 때문이다. 뒷다리 하나가 부러졌을 뿐인데 산양은 목숨을 잃었다. 결국 하이에나의 먹이가 되고 만다.

산양이 하이에나에게 목숨을 잃은 이유도 결국 뒷다리 하나의 부상 때문이다. 몸의 일부가 몸 전체를 잃게 한다.

경기도에 있는 한 중소기업 사장과 점심을 같이 먹었다. 사장은 회사의 불량률이 1퍼센트밖에 되지 않는다고 자랑했다. 제품마다 다르겠지만, 사실 불량률 1퍼센트가 큰 것은 아니다. 그 사장이 자랑할 만도 한 일이다. 하지만 내가 구매한 제품이 그 1퍼센트의 불량품이라면 얘기가 달라진다. 가격이 비싸서 큰 맘 먹고 사야 하는 제품이거나 자동차와 같이 생명과 직결된 제품이라면 문제가 상당히 크다. 회사 입장에서는 100개 중 하나의 제품에 불과하겠지만 소비자인 나에게는 1퍼센트가 아니라 100퍼센트이기 때문이다. 운전을 하다 자동차 부품 중 한 개가 불량이어서 사고가 난다면 목숨을 잃을 수도 있다. 그만큼 기업은 불량률이 제로에 가까워지도록 최선을 다해야 한다. 기업에게 1퍼센트가 소비자에게는 100퍼센트가 된다는 점을 명심해야 한다.

부산의 한 여고생이 투신자살한 사건이 있었다. 친구들이 임신했다고 루머를 퍼트린 데 대해 원망하는 유서를 남겼다고 한다. 친구들은 장난이었는지 모르지만 그 소문은 결국 꽃다운 여고생 한 명을 죽음으로 내몰고 말았다. 이 얼마나 안타까운 일인가? 친구들에게는 1퍼센트의 장난이었겠지만 당사자에게는 죽을 만큼 괴로운 100퍼센트였던 것이다.

1990년대 말의 IMF 사태는 온 국민을 고통으로 신음하게 했다. 고용 환경에도 많은 변화가 있었다. 구인 기업보다 구직자가 훨씬 많았다. 일자리를 구하기 힘들어진 직장인들은 회사의 처우가 좋지 않더라도 불만을 품거나 불평할 처지가 아니었다. 그러니 회사가 직원들을 귀하게 여기지 않는 풍토가 조성되었다. 일할 사람은 얼마든지 있다는 생각을 가진 경영자가 많다는 게 참으로 씁쓸하다.

"재 아니라도 상관없어. 돈 좀 더 주면 일할 놈은 널렸어."

이런 말을 직원들이 듣는 자리에서 거리낌 없이 하기도 한다.

그 사장에게 재(직원)는 회사를 거쳐 간 수많은 머슴 중 한 명일지 모른다. 하지만 그 직원은 일자리를 구하지 못하면 가정이 파탄 날지도 모른다.

이윤을 남기지 못하면 기업이 살아갈 이유가 없다는 말이 있다. 기업이 멋진 제품을 개발하고, 저렴한 제품을 만들어내며, 고용을 창출하기 위해서는 이윤을 추구해야 한다. 제품을 팔아 남는 게 없다면 기업을 유지하기 힘들기 때문이다. 문제는 '이윤만' 추구할 때 생긴다. 회사가 기업 문화, 역사, 공생이란 개념은 내다 버리고 오로지 이윤만 추구하기 때문에 직장인들이 힘든 것이다.

사람이 중요하고 사람이 전부라고 기업은 외친다. 그러면서 직원들 간에 경쟁을 부추기고 마른 수건까지 짜내게 한다. 처절한 전쟁터와 같은 직장에서 인간적인 정을 기대하기란 지나치게 낭만적인 것인가 보다. 상사는 부하직원을 소모품으로 인식하고 동료는 밟고 일어서야 할 발판으로만 생각한다. 너무나 삭막하다.

우리는 운명을 결정할, 100퍼센트가 될 그것들을 잘 지켜야 한다. 그건 자신감일 수도 열정일 수도 있다. 사랑하는 가족일 수도 있으며 생계를 유지하는 직장일 수도 있다. 그동안 사소하다고 간과했던 것 하나 때문에 다 잃을지도 모른다. 산양에게는 뒷다리 하나 부러진 게 목숨을 잃은 것과 같은 결과를 가져왔다. 우리 개개인에게도 하나의 요소 때문에 삶이 풍요로워질 수도 있고 엉망이 될 수도 있다. 그래서 운명을 결정지을 수 있는 그 한 가지를 지켜야 한다. 마음을 잘 통제하고 흔들리지 마라. 그래야 인생을 이끌고 나갈 수 있다.

나에게 외치는 파이팅

세상을 깨우쳐주는 사람은 어떤 이들일까? 공부를 많이 한 사람이나 돈이 많은 사람일까? 아니라는 건 당신도 인정할 것이다. 쇼펜하우어는 이 부분에 대해 이렇게 조언했다.

"학자란 책을 많이 읽은 자들이다. 사상가, 천재, 세상을 깨우쳐주는 자는 직접 세상이라는 책을 읽은 사람을 말한다."

책을 많이 읽은 사람은 많다. 수백 권에서 수천 권에 이르기까지 죽으라 책을 팠다. 보통 사람이 이해하기 힘든 책을 읽고 또 읽어 소위 천재가 되었다고 자평하는 사람도 많다. 그러나 그들은 세상을 바꾸지 못했다.

책만 읽지는 말자. 책은 생각여행을 이끌어주는 도구다. 생각여행을 많이 한 사람이 세상을 이해한다. 그런 사람이 세상을 이끄는 창조적인 사람이다. 미지의 세계를 탐험한 개척자들이 사람들이 모르는 세계를 발견하듯이 멀고도 힘든 생각여행을 통해 미지의 정신세계를 탐험한 사람들이 새로운 아이디어를 제시하는 창조적인 인재가 된다.

《쇼펜하우어와 니체의 문장론》을 보면 니체가 오해받는 것보다 이해되는 것을 더 두려워했다는 말이 있다. 자신의 사상이 누군가에게 이해된다는 것은 숱한 고뇌 속에 살았던 자신과 같은 고뇌를 누군가도 하고 있다는 것으로 받아들였다. 그래서 그 누군가를 애처롭게 생각한 것이다. 니체는 "아, 그대들은 왜 나처럼 그렇게 힘들게 살아가려고 하는가?"라고 공감의 마음을 표현했다.

나 또한 이 책을 쓰며 두려워했다. 누군가가 이 책을 읽고 공감하며 똑같은 감정을 느끼는 사람이 있다면 그 또한 얼마나 깊은 마음의 상처를 안고 살고 있을까 싶기 때문이다. 그래서 이 책에 해법을 담고자 결심했다.

아무리 뛰어난 멘탈을 가진 사람도 마음의 상처를 입는다. 다만, 그 상처가 깊지 않도록 덜 다치는 법을 알고, 빨리 치유할 수 있다는 차이가 있다. 마음의 상처는 당신이 생각하는 것보다 더 깊은 흔적을 남긴다. 상처를 준 회사와 사람을 떠나면 금방 치유되어 아무렇지 않아질 것 같지만, 실제로는 그렇지 않다. 상처를 받은 시간이 길수록 치유에 걸리는 시간도 길다. 그리고 상처가 생각보다 더 깊기 때문에 처음 그대로의 마음으로 되돌아가기는 어렵다.

마음의 상처를 받지 않고 세상을 살아가지는 못한다. 다만 얼마나 흔들리지 않고 잘 버티느냐가 남은 인생의 가치를 결정한다.

지금 별 볼 일 없는 사람을 무시하지 말고, 옆에 있는 사람에게 따뜻하게 대하라. 말 한마디라도 부드럽게 건네고 손이라도 잡아주자. 우리는 함께 살아가는 공생 관계임을 잊지 말자.

새뮤얼 존슨은 "삶이란 향락을 통해서가 아니라 결핍을 통해서 발전한다"고 했다. 당신의 부족함이 당신의 발전을 이끌 것이라는 점을 잊지 말고 감사하라. 힘든 환경에서 지친 삶을 살고 있더라도 더 발전하기 위해서라고 생각하기 바란다. 그리고 늦기 전에 멘탈링을 익히길 당부한다.

운동선수를 응원할 때 "파이팅!" 하고 외친다. 친구나 가족에게도 그렇다. 파이팅이란 힘을 내서 더 잘하라는 응원의 말이다. 다른 사람이 외치는 파이팅에 힘이 나기도 하지만 자신이 자신에게 하고 싶은 때도 있을 것이다. 예를 들면 "수능 시험이 코앞이다. 한 시간만 덜 자자", "결승점이 얼마 남지 않았다. 조금만 더 뛰자", "한 번만 더 연습하자" 등 스스로에게 다짐하는 말들이다. 때론 큼직하게 써서 책상 앞에 붙여두기도 한다. 그 문구를 보면서 다짐을 새롭게 하기 위해서다.

《시크릿》이란 책에 "미래의 자신을 상상하고 이미 된 것처럼 확신하면 이루어진다"는 말이 나온다. 지금의 내가 절실히 바라기 때문에 꿈이 이루어진다는 걸 의미하는 게 아니다. 그것은 미래의 자신이 현재의 자신에게 끊임없이 알려주기 때문이다. 상상만 한다고 꿈이 이루어지지는 않는다. 현재에 최선을 다하기 때문이다. 그 최선이 모이고 모여 미래에 현실이 되는 것이다. 현재 자신이 다짐하는 말은 미래의 자신이 멘토가 되어 더 열심히 살고 최선을 다하라고 알려준 것이기 때문이다. 미래의 자신이 전해주고 싶은 말이다.

스스로에게 파이팅을 외쳐라. 다짐의 말을 수시로 되새겨라. 그리고 최선을 다해라. 어떤 다짐의 말을 가슴에 새겨야 할까? 생각여행을 해서 미래의 당신이란 멘토에게 물어라. 미래의 당신이 그 다짐의 말을 알려줄 것이다. 조금이라도 마음의 평안을 찾고, 수련을 통해 평정심을 잃지 않는 사람이 되기를 바라는 마음이다. 자칫 잘못된 판단으로 인생이 더 꼬이거나 힘들어지지 않았으면 하는 마음이다.

삶을 리드하려면 멘탈링이 필요하다

요즘 경제에서 가장 중시되는 단어 중 하나가 글로벌이다. 글로벌 경영이란 용어는 이제 너무나 친숙해졌다. 예전에 대학에서 무역학과로 불리던 게 이제는 글로벌통상학과 또는 글로벌비즈니스학과 등으로 바뀌고 있다. 영어 이름을 붙이면 뭔가 있어 보이지 않을까 하는 차원이 아니다. 많은 한국인이 해외에 나가서 취업도 하고 사업도 한다. 마찬가지로 많은 외국인이 한국에서 비즈니스를 한다. 국경이 없다. 언제라도 해외에 나가 살거나 일할 수 있는 시대다.

10여 년 전만 해도 길에서 외국인이 보이면 한 번씩 돌아보는 사람이 많았다. 외국인이 길을 물어볼까 봐 슬슬 피하고, 말이라도 걸면 손사래를 치며 도망가기 일쑤였다. 그러나 지금은 영어로 대화할 수 있는 젊은이들이 많다. 외국인에 대한 두려움이 거의 없을뿐더러 외국에 나가는 것에도 별 부담이 없다. 그만큼 글로벌화되었다.

그러면 글로벌화는 되어 있는데, 그다음은 무엇을 목표로 해야 할까? 글로벌 시대에 글로벌 리더로 살아야 한다. 대한민국에서 가장 좋은 회사가 아니라 세계에서 가장 좋은 회사에 취직하는 걸 목표로 삼아야 한다. 한국에 있든 중동에 있든 아프리카에 있든 언제라도 연락을 주고받는 친구가 있고, 어느 나라를 가더라도 도움을 받을 사람을 만들어야 한다. 글로벌 리더가 되어야 한다.

이 책은 큰 꿈을 가지라는 뜻에서 쓴 건 아니다. 마음을 강하게 하고 평정심을 쉽게 잃지 않아야 큰 꿈도 꿀 수 있다는 걸 알려주고 싶었다. 세상에는 작은 기회란 없다. 바로 눈앞에 놓인 현실에서 최선의 결과를 이끌어가는 것이 중요하다. 주어진 기회는 반드시 내 것으로 만들어야 한다. 그러기 위해서는 멘탈링이 필요하다. 흔들리는 마음을 다잡고, 무너진 마음을 일으켜 세우며, 평정심을 유지해서 당신이 원하는 방향으로 삶을 리드해나가야 한다.

당신이 내 앞에 있다면 나는 진심을 담아 이렇게 말하겠다.

"마음이 흔들리거나 무너지게 하지 마세요. 그래야 당신의 능력을 모두 발휘할 수 있습니다. 스펙보다 중요한 건 당신을 지탱해주는 평정심이에요. 큰 꿈은 그때 이루어집니다. 잊지 마세요."

"Rule the mind. Lead the life!"

에필로그

미로를 빠져나오면서

프롤로그에서 했던 이야기를 마무리하고자 한다.

열정이 보이지 않는다며 안타까워하던 박 대표의 눈빛이 지금도 생생하다. 회사의 거짓말에 속았지만, 따지고 보면 내가 바보 같았고 순진했다. 첫 출근을 하기 전에 보상에 관한 문제를 정확히 매듭짓고 입사했어야 했다. 그러나 나는 그 회사와 회장을 믿었다. 열심히 하면, 그리고 성과를 보여주면 당연히 약속을 지킬 것이라 믿었다. 하지만 그건 나만의 착각이었다. 적절한 보상을 해줄 마음이 없는 회사에다가 아무리 소리치고 울부짖어봐야 소용없는 일이었다. 나만 바보가 될 뿐이다. 그렇다고 좌절할 수는 없었다. 가족이 있는 사람은 함부로 좌절할 수도 없다. 마음을 치유하고 평정심을 유지해서 때를 기다려야 했다. 사람들을 만나 하소연을 해봐도 누구 하나 뾰족한

수를 내놓지 못했다. 결국 스스로 문제를 해결해야만 했다.

이제는 쉽게 무너지지 않는다. 설령 무너졌다 치더라도 금세 꼿꼿이 일어설 수 있다. 그리고 때를 기다릴 줄도 안다. 바로 수년간 다져온 멘탈링의 힘 덕분이다.

이 책을 끝까지 읽었다는 것은 당신이 이미 멘탈링을 시작했다는 걸 의미한다. 축하한다. 이제 이 책에서 감명 깊었거나 남에게 들려줄 만한 내용이 있었다면 컴퓨터를 켜고 한 줄씩 옮겨보자. 오·탈자가 생기지 않게 집중하면서 키보드를 두드리자. 마음이 차분해지면서 점점 멘탈링의 세계에 빠져들 것이다. 그리고 떠오르는 생각(비판적이어도 좋다)을 따라 여행을 해보자. 꼬리에 꼬리를 물고 깊은 생각에 빠져들 것이다.

다른 책도 도전해보자. 이 책을 읽었다면 다른 책도 어렵지 않게 읽어나갈 수 있다. 서점이나 도서관에 가서 책을 하나 고른다. 자기계발서도 좋고, 누군가의 성공 이야기도 좋다. 읽은 책이 많아질수록 책에 중독된다. 그러면 더 중독되고 싶어지고, 더 어려운 책에 도전하고 싶어질 것이다. 마음이 시키는 대로 따라가라. 그것이 바로 지금보다 더 발전된 미래의 당신이 끊임없이 보내는 희망의 신호다.

왜 나는 스트레스 해소와 평정심 강화를 책으로 시작하라고 했을까? 책을 읽음으로써 얻는 이득이 있기 때문이다. 당신이 이 책을 읽고 멘탈링을 시도해서 마음의 평안을 찾고 평정심을 유지하는 방법을 배운다면 가장 좋은 결과를 얻은 것이다. 그런데 만약 그런 시도에서 실패한다면? 그래도 상관없다. 왜? 첫째는 책을 읽는 습관을 가지는 데 유리해졌기 때문이다. 둘째는 다양한 책을 읽어 전보다는 다양한 지식과 지혜를 갖추게 됐기 때문이다. 앞으로 업무에서든 공부에서든 그게 분명히 도움이 된다.

어려움이 닥치면 책에서 해답을 찾는 습관을 가지기를 바란다. 정신적 수양과 함께 업무와 학습 능력을 향상시켜라. 지금 당신이 가진 문제를 해결하는 데 도움이 될 것이다. 지금의 당신보다 책을 읽은 후 당신은 분명 더 지혜로운 사람이 되어 있을 것이므로.